참된 신앙생활

참된 신앙으로 이끌어 주는 8가지 지침서

참된 신앙생활
참된 신앙으로 이끌어 주는 8가지 지침서

발 행 일   2025년 10월 24일

지 은 이   한태일
편   집   구부회
발 행 처   도서출판 담아서
주   소   경기도 시흥시 배곧3로 27-8
전   화   0505-338-2009
팩   스   0505-329-2009
등록번호   2021-000013호

ISBN 979-11-94121-60-2(03230)

참된 신앙으로 이끌어 주는 8가지 지침서

참된 ✝ 신앙생활

믿음·회개·예배·기도
성장·교회·가정·일꾼

한태일 지음

담아서

목차

추천사

류응렬 목사

워싱턴중앙장로교회 담임, 고든콘웰신학대학원 객원교수

참으로 사랑하고 존경하는 한태일 목사님의 『참된 신앙생활』을 추천하게 되어 너무나 기쁘고 자랑스럽게 생각합니다. 이 책에는 주님의 부르심 앞에 일생 복음을 위해 삶을 드린 목회자요 끊임없이 말씀을 연구해 온 학자요 또한 양 떼를 위해 삶을 드린 진실한 목자인 삶이 고스란히 녹아 있습니다. 목사님이 강조하시는 참된 믿음, 참된 회개, 참된 예배, 참된 기도, 참된 성장, 참된 교회, 참된 가정, 참된 일꾼의 주제들은 기독교 신앙에 가장 기초를 이루면서도 일생 땅 위에서 펼쳐지는 신자의 삶의 요체라 할 수 있습니다.

이 책은 오늘날 자기 중심으로 흘러가는 기독교의 가르침이 아니라 성경에 근거한 참된 신앙이 무엇인지 보여 주는 동시에, 신앙 생활에서 예수 그리스도를 주인으로 삼고 살아가는 참된 그리스도인이 추구해야 할 구체적인 삶을 생생하게 보여줍니다. 목사님의 글에는 성경에 바탕을 둔 해석적 근거와 삶을 연결하는 실천적 덕목이 조화를 이루고 있습니다. 이런 점에서 이 책은 단순한 설교 모음이 아니라 진리를 외치고 살아가기를 원했던 한 목회자의 하나님 사랑과 교회 사랑의 목소리가 깊이 스며 있습니다.

이 책을 접하는 초신자들에게는 견고한 기독교 신앙이 어떤 것인지 보여 주는 안내서가 될 것이며, 진리를 더 깊이 알고 따라가기를 원하는 성도들에게는 영적 성장과 회복을 촉구하는 영적 나침반이 될 것입니다. 주님을 사랑하는 모든 사람에게는 예수 그리스도를 따라가는 제자로서 참된 신앙생활의 좋은 이정표를 발견하게 될 것입니다. 책을 넘길 때마다 우리 삶을 더욱 진실한 신앙의 세계로 이끌어가는 좋은 거울처럼 만나는 기쁨을 누릴 것입니다.

노창수 목사

남가주 사랑의교회 담임

이 책은 흔들리는 마음속에도 하나님의 손길을 비추며 삶을 새롭게 여는 길을 보여줍니다. 참된 믿음과 회개, 기도와 예배 속에서 예수님께서 주시는 참된 평화와 기쁨을 발견하게 하며, 영적 성장과 참된 그리스도인의 가정과 교회의 모습, 주님 기뻐하시는 일꾼의 모습을 밝히며, 조용히 마음을 어루만지며 참된 그리스도인으로 서는 길을 밝히는 따스한 동반자입니다. 초신자로부터 모든 성도들에게 꼭 필요하고 유익한 이 책을 즐거운 마음으로 추천합니다.

김남준 목사

GSI선교회 대표, 전 열린교회 담임

한 평생을 목회에 헌신한 목회자가 쓴 책입니다. 원고를 읽으면서 매 장마다 "참된"이라는 형용사를 보면서 깊은 인상을 받았습니다. 아마 이 세상에서 그만큼 "가짜"가 많다는 사실을 암시하는 것 같습니다. 진리의 가장 뛰어난 효능은 혼란한 상태에 질서를 부여하는 것입니다. 이런 책을 쓰기까지 저자는 오랜 세월을 가짜와 싸워 왔음에 틀림이 없습니다. 설교 속에 쓸데없는 세상 이야기나 성공스토리가 없이 깔끔하게 오직 성경의 진리만을 설교하는 것이 이 책을 빛나게 합니다. 오랜 세월 목회에서 우러난 수정처럼 맑은 물 같은 설교문을 읽고 사람들이 "하나님의 마음을 시원하게 해 드리는 참된 신자들"로 다시 태어나게 되기를 기대하며 이 책을 추천합니다.

이용걸 목사
필라 영생장로교회 원로

지금은 마지막 때입니다. 사람들이 바른 교훈인 하나님의 말씀을 받지 아니하고 귀가 가려워서 진리에서 돌이켜 허탄한 이야기를 따라가리라고 말씀하였습니다(딤후 4:3-4). 귀가 할례를 받지 못하여 하나님의 말씀을 듣지 못하고 즐거워하지 않는다고 말씀하였습니다(렘 6:10). 스데반은 하나님의 말씀을 듣지 아니하는 완고한 백성들에게 귀가 할례를 받지 못한 사람들이라고 말씀하였습니다(행 7:51).

　요즈음 목사님들은 말씀보다 세상의 이야기를 더 많이 하시므로 강단이 빈곤하여 영적으로 위기를 만난 이때에, 저자는 개혁주의 입장에서 말씀을 풀어 해석하여 쉽게 전해 주셨습니다. 그리고 말씀을 주제별로 강해하신 것은 성도들의 신앙 성장을 위함이었습니다. 설교자의 인격을 통하여 말씀이 전달되며 성도들은 은혜를 받습니다. '광야에 서있는 외로운 성도들에게 하나님의 음성이 설교를 통하여 들려 지기를 원하신다'는 서문의 말씀은 목사님이 성도를 지극히 사랑하는 주님의 마음, 목자의 마음, 아비된 마음으로 설교하신 것을 알 수 있습니다.

　한 명으로 시작한 개척교회가 30년만에 크게 성장한 것은 하나님의 은혜요 목사님의 기도와 말씀 선포라고 생각합니다. 목사님은 설교의 마무리를 '묵상질문'을 하시므로 성도들로 하여금 들은 말씀을 삶에 적용하도록 하셨습니다. '참된 신앙생활'은 성도가 실천해야 될 중요한 주제별 말씀입니다. 교회의 지도자들이 성경공부 교재로 사용할 수 있고 개인적으로는 큐티로 묵상할 수 있기에 이 책을 추천합니다.

박성일 목사

필라 기쁨의교회 담임

저자 한태일 목사는 단순히 30년 간 한 교회를 섬기며 지역 사회에 대표적인 교회로 성장시킨 성공적인 목회자가 아니다. 그가 보여준 것은 전문 종교인이 아니라, 따뜻한 한 인간으로서 하나님을 사랑하고 이웃을 사랑한 하나님이 요구하시는 신앙인의 모습이다.

사람아 주께서 선한 것이 무엇임을 네게 보이셨나니 여호와께서 네게 구하시는 것은 오직 정의를 행하며 인자를 사랑하며 겸손하게 네 하나님과 함께 행하는 것이 아니냐?(미 6:8).

이 책에 쓰여진 내용은 그가 스스로 살아내려고 애썼던 "참된 신앙생활"이 무엇인지를 진술한 것으로 보인다. 각 챕터가 각기 하나의 설교처럼 쓰여 있지만, 8개의 주제가 다 하나로 통합되지 않으면 안 된다. 하나님을 향한 참된 믿음은 거룩하신 하나님 앞에 자신의 연약함과 죄를 깊이 통회하게 되고, 이런 참된 회개는 높으신 하나님에 대한 참된 예배로 연결된다. 공동체적 예배는 개인의 기도와 묵상의 삶으로 자리 잡아야 하고, 그 결과 참된 성장을 이루어 낸다. 이러한 성장은 쉽게 얻어지는 것이 아니다. 귀한 것들은 오랜 숙성의 과정을 필요로 하는 것처럼, 고난과 시련 속에 인격의 성숙은 이루어진다. 이런 과정을 가장 구체적으로 제공하는 현장은 교회와 가정이라는 두 개의 언약 공동체이다. 저자는 이 두 개의 공동체 속에서 오래 머물며 연단 받는 것이 무엇인지를 터득한 분이다. 언약 공동체 속에서 잘 다져진 재원들은 사회 속에서도 정직하고 신뢰받을 만하고, 성실한 사람들로 인정받을 수 있다.

이 책을 복잡하고 어렵지 않다. 누구든지 어린아이 같은 마음으로 대면할 수 있고, 그 안에서 진솔한 삶의 지혜를 접한다. 바른 신앙에 대한 단호함도 있고, 어렵지 않게 접근할 수 있을 것 같은 순박함도 있다. 저자가 살아온 삶의 자취가 그렇듯이 이 책은 읽는 이에게 안정감을 주고, 동시에 저자가 내미는 손을 붙잡고 그와 함께 신앙의 여정을 떠나고 싶다는 생각이 들기도 한다. 처음 신앙에 입문한 분들이던 오랜 시간 믿음의 열망을 가져 본 분들이던, 참된 신앙 생활의 통합적 면모를 알아가고 싶은 분들에게 이 책을 권한다.

머리말

참된 신앙생활이란?

우리의 신앙 여정은 때로 바람 부는 광야를 걷는 것과 같습니다. 그러나 그 광야 한가운데 우리를 인도하시고 붙드시며, 끝까지 함께하시는 하나님이 계십니다. 오늘 이 책을 손에 든 모든 분께, 그 살아계신 하나님의 음성이 부드럽게 들리길 소망합니다.

사람들은 종종 "신앙생활을 잘하고 싶다"라고 말합니다. 그러나 정작 신앙생활이 무엇인지에 대해 깊이 묻지 않은 채, 익숙한 형식과 반복된 습관 속에 머무르는 경우가 많습니다. 필자는 오랜 시간 이민 목회를 하며, 성도들이 진정으로 하나님 앞에서 '참되게' 살아가는 삶을 돕고 싶었습니다. 초신자들은 물론, 흔들리는 마음과 지친 성도들을 향한 주님의 초대장입니다. 혹은 이름만 그리스도인으로 살아가는 분들 때문에 실망한 구도자들에게 가짜(fake) 그리스도인들이 있지만, 진짜(authentic) 그리스도인들이 있는데 그들의 신앙생활은 어떠한지 알려줍니다. 세상이 아무리 복잡하고 혼란스러워도, 우리를 향한 하나님의 뜻은 변하지 않습니다. 참된 신앙생활이란 단지 교회의 전통이나 겉모습이 아니라, 마음 깊은 곳에서부터 우러나오는 진실한 회개와, 예수 그리스도 안에서 누리는 참된 평화와 기쁨으로 나아가는 삶입니다.

이 책을 통해 독자 여러분이 하나님 앞에서 신앙생활의 본질을 다시 붙들고, 말씀 앞에 정직하게 서며, 성령의 인도하심에 따라 살아가기를 간절히 바랍니다. 교회를 섬기고, 가정을 세우며, 일터와 삶의 자리에서 하나님의 일꾼으로 살기위해 애쓰는 모든 성도에게 이 책이 작은 나침반이 되어 주님 안에서 오늘도 새롭게 거듭나며, 하나님의 사랑과 평안이 여러분의 삶 가운데 충만하기를 기도합니다.

제1장

참된 믿음
(엡 1:3-14)

[1] 하나님의 뜻으로 말미암아 그리스도 예수의 사도 된 바울은 에베소에 있는 성도들과 그리스도 예수 안에 있는 신실한 자들에게 편지하노니 [2] 하나님 우리 아버지와 주 예수 그리스도로부터 은혜와 평강이 너희에게 있을지어다 [3] 찬송하리로다 하나님 곧 우리 주 예수 그리스도의 아버지께서 그리스도 안에서 하늘에 속한 모든 신령한 복을 우리에게 주시되 [4] 곧 창세 전에 그리스도 안에서 우리를 택하사 우리로 사랑 안에서 그 앞에 거룩하고 흠이 없게 하시려고 [5] 그 기쁘신 뜻대로 우리를 예정하사 예수 그리스도로 말미암아 자기의 아들들이 되게 하셨으니 [6] 이는 그가 사랑하시는 자 안에서 우리에게 거저 주시는 바 그의 은혜의 영광을 찬송하게 하려는 것이라 [7] 우리는 그리스도 안에서 그의 은혜의 풍성함을 따라 그의 피로 말미암아 속량 곧 죄 사함을 받았느니라 [8] 이는 그가 모든 지혜와 총명을 우리에게 넘치게 하사 [9] 그 뜻의 비밀을 우리에게 알리신 것이요 그의 기뻐하심을 따라 그리스도 안에서 때가 찬 경륜을 위하여 예정하신 것이니 [10] 하늘에 있는 것이나 땅에 있는 것이 다 그리스도 안에서 통일되게 하려 하심이라 [11] 모든 일을 그의 뜻의 결정대로 일하시는 이의 계획을 따라 우리가 예정을 입어 그 안에서 기업이 되었으니 [12] 이는 우리가 그리스도 안에서 전부터 바라던 그의 영광의 찬송이 되게 하려 하심이라 [13] 그 안에서 너희도 진리의 말씀 곧 너희의 구원의 복음을 듣고 그 안에서 또한 믿어 약속의 성령으로 인치심을 받았으니 [14] 이는 우리 기업의 보증이 되사 그 얻으신 것을 속량하시고 그의 영광을 찬송하게 하려 하심이라

지난 19세기말부터 20세기 중반까지 미국에서는 헤티 그린 (Hetty Green)이라는 여인이 가장 불행한 사람으로 알려졌습니다. 이유는 이렇습니다. 이 여인이 1916년 81세로 죽으면서 약 1억 불 의 재산을 남겼습니다. 그때 당시의 물가를 생각하고 현재 가치로 환산하면 아마 10억 불도 넘는 엄청난 돈입니다. 그러나 얼마나 불 행하게 살았는가 하면 이 여인은 물을 끓이는 연료비를 절약하기 위하여 찬 오트밀(Oatmeal)을 먹곤 하였고, 한 번은 아들이 다리를 심하게 다쳤는데 무료로 진료해 주는 보건소를 찾다가 시간을 놓 치는 바람에 그 아들의 다리는 염증이 심해져서 결국 절단을 해야 했다고 합니다. 이 여인은 죽을 때에도 그냥 우유보다 값싼, 기름 을 걷어낸 우유(skim milk)가 좋다는 것을 가지고 친구와 논쟁을 벌 이다 졸도함으로 죽음을 자초했다는 것입니다. 아무리 돈을 많이 갖고 있으면 뭐 합니까? 쓸 줄을 모르는데 말입니다.

한편 40여 년 전에 '로스앤젤레스 타임스'(*Los Angeles Times*)에 난 기사에는 어느 노부부가 아파트에서 함께 죽어서 부검을 하여 죽 은 이유를 알아냈는데, 먹지 못해 심한 영양실조였다고 합니다. 그 래서 '그렇게 가난한 부부였나 …' 하고 집안을 조사했는데, 옷장 에서 4만 불 현금이 종이봉투(Paper Bag) 안에 있었다고 합니다. 얼 마나 어리석은 인생입니까? 그런데 신앙생활도 그렇게 하시는 분 이 있다면 참으로 불행한 것입니다.

에베소서는 우리 그리스도인들에게 우리에게 있는 영적인 자원이 얼마다 풍성한 가를 잘 보여 주는 성경책입니다. 마치 예수님께서 "내가 온 것은 양으로 생명을 얻게 하고 더 풍성히 얻게 하려는 것이라"(요 10:10하)라고 말씀하신 대로, 1장 7절에 "그의 은혜의 풍성함을 따라", 2장 4절에 "긍휼에 풍성하신 하나님이", 3장 8절에 "측량할 수 없는 그리스도의 풍성을", 3장 16절에 "그 영광의 풍성을 따라"라고 하였습니다. 예수 그리스도가 영적인 자원의 통로이며, 모든 영적 풍성함과 축복의 보증이기에 "그리스도 안"이라고 하는 말이 본문에서만 15번 반복됩니다. 즉, 우리 그리스도 안에 있는 성도들은 이미 얼마나 풍성한 복과 신령한 복을 받았기에 많은 유업이 있으며, 충만한 삶인지를 가르쳐 주고 있습니다. 하나님 아버지의 자원은 우리의 지난 과거의 빚을 다 갚을 수 있을 뿐만 아니라, 현재의 빚과 미래의 필요도 다 채우고 남는 것입니다. 많은 성도가 이 진리를 깨닫지 못해 참된 믿음을 갖지 못하고, 풍성한 삶의 신령한 복을 누리지 못하고 있습니다. 그래서 영적으로 기근에 시달리고 있거나 병들어 힘들어하는, 참으로 안타까운 분들이 많습니다. 아니면 자기 나름대로 하나님을 만들거나, 생각하고 믿고 있습니다.

오늘 본문은 우리말에 네 문장으로 되어 있지만, 헬라어 원어에 의하면 1장 3절부터 14절까지는 한 문장으로 되어 있습니다. 우리(교회)에 대한 하나님의 계획이 과거 영원 전에 선택하셨다는 것

(3-6절)과 그리하여 현재 구속함을 입고 있다는 것(7-10절), 미래에 기업으로 받을 것(11-14절)을 잘 구별하고 있습니다. 우선 우리 하나님께서 과거에 행하신 일들을 살펴봅시다.

　첫째로, 하나님께서는 우리가 그리스도 안에서 모든 복을 누리도록 선택하셨습니다. 우선 찬양을 받으실 분이신 하나님 아버지께서 모든 신령한 복의 근원이 되셔서 이미 우리에게 복을 주셨다는 것입니다. 미래과거시제를 시용하였습니다. 즉, 확실히 계획하시고 이루실 것을 강조한 것인데, 우리에게 이미 이루어졌고, 또한 이루어지고 있는 것을 의미합니다. 3절에 "찬송하리로다 하나님 곧 우리 주 예수 그리스도의 아버지께서 그리스도 안에서 하늘에 속한 모든 신령한 복을 우리에게 주시되"라고 하였습니다. 그리고 이 복을 받아 누리는 자는 우리들입니다. 1절에서도 성도들과 신실한 자들에게 하신 말씀이라고 바울이 밝혔듯이, 하나님 아버지께서 오래전에 작정하신 대로 우리를 선택하셔서 축복하신다고 하였습니다. 또한 "그러므로 믿음으로 말미암은 자는 믿음이 있는 아브라함과 함께 복을 받느니라"(갈 3:9)라고 하였습니다.

　그런데 어떤 복입니까? "모든 신령한 복"(3절)이라고 하였습니다. 여기 신령하다는 것은 성령님이 하시는 일과 관계있다는 말입니다. 하나님께로부터 오는 모든 복을 통틀어 말씀하고 있습니다. 그 복이 우리의 영혼을 돕는 것이든, 우리의 마음이나, 육신, 매일의 삶에서든 우리에게 필요한 복을 말씀하고 있습니다. 그런데 많은 성도는 하나님께서 이미 주신 복들을 계속하여 간구하는 것을 종종 봅니다.

그리고 이 "모든 신령한 복은 하늘에 속한" 것이라고 하였습니다. 하나님께서 거하시는 곳으로부터 나오는 복이라는 말씀입니다. 성도들은 시민권을 두 개 갖고 있습니다. 이 땅에 사는 동안 땅의 시민입니다. 그러나 그리스도 안에서 우리는 더 중요한 시민권이 있는데 바로 하늘에 있는 시민권입니다(빌 3:20). 예수 그리스도가 왕으로, 주로 다스리는 나라의 시민입니다. 우리는 하늘나라 시민권을 가진 자임을 잊지 마십시오. 하나님 나라의 시민권을 가진 자들로서 그 권리를 누리는 것입니다. 비록 대적인 마귀가 간섭하는 이 땅에 몸을 담고 있다 하더라도 말입니다. 그러니까 우리의 삶은 영적인, 초자연적인 신비한 것입니다. 하늘에 속한 것입니다. 그래서 이 땅에서의 고통을 이길 수 있습니다. 그래서 "우리가 사방으로 욱여쌈을 당하여도 싸이지 아니하며 답답한 일을 당하여도 낙심하지 아니하며 박해를 받아도 버린 바 되지 아니하며 거꾸러뜨림을 당하여도 망하지 아니하고"(고후 4:8-9), "근심하는 자 같으나 항상 기뻐하고 가난한 자 같으나 많은 사람을 부요하게 하고 아무것도 없는 자 같으나 모든 것을 가진 자로다"(고후 6:10)라고 한 것입니다. 믿으십니까?

둘째로, 우리를 거룩하게 하시려고 창세 전에 택하셨습니다. "곧 창세 전에 그리스도 안에서 우리를 택하사 우리로 사랑 안에서 그 앞에 거룩하고 흠이 없게 하시려고"(4절)라고 하였습니다. 먼저 우리를 택하셨다고 하였습니다. 마치 여호와 하나님께서 구약에서 이스라엘을 선택하셨듯이, 하나님께서 세상 많은 사람 가운데서 그리스도 안에서 구원하시려고 우리를 선택하셨습니다. 이 세상이 생기기도 전에 하나님의 주권적인 선택에 의하여 우리가 믿게 된 것입니다. 한 가지 알아야 할 것은 성경 전체에서 믿지 않는 자를 하나님께서 주권적으로 선택하지 않으셨다는 구절은 한 구절도 없습니다. 항상 믿는 자들에게만 쓰인 말입니다. 물론 성경에는 인간의 책임에 대하여 말하는 구절들이 있습니다. 때때로 구원받지 못한 사람들에게 주님의 부르심에 응답하라고 하는 구절들이 있습니다(수 24:15; 사 55:1; 마 3:1-2; 4:17; 11:28-30; 요 5:40; 6:37; 7:37-39; 계 22:17).

하나님께서 허락하신 자유의지를 사용하여 책임을 요구하고 있습니다. 하나님의 주권적인 선택과 사람에게 주어진 자유의지로 말미암은 책임, 이 두 진리는 유한한 우리가 완전히 이해를 못 하고, 서로 상충하는 것 같아 혼란을 야기합니다. 어쩌면 인간으로서는 풀 수 없는 것이 당연한지도 모르지요. 사실 성경에 그러한 진리가 많습니다. 자꾸 인간의 생각으로 풀려고 하면 더 엉뚱한 결과를 가져오게 됩니다. 그런데 이 두 진리를 서로 연결시키시는 분이 성령 하나님입니다. 우리는 성령의 은혜로 말씀 그대로 믿고 살면 됩니다. 우리 하나님은 억지로 믿게 하는 분이 아닙니다. 인격적인 하나님입니다. 우리의 지성을 설복하고 그 사랑에 감동, 감화를 받게 하여 의지적으로 믿게 합니다. 5절과 9절, 11절에서도 말씀하는 대로 하나님의 기쁘신 뜻 안에서 우리를 예정하셨다는 사실을 믿고 감사하시면 됩니다.

중요한 것은 그렇게 우리를 예정하셔서 선택하신 목적이 있다는 것입니다. 4절 하반절에 말씀하신 대로 "거룩하고 흠이 없게 하시려고" 택하신 것입니다. 우리가 완전하다는 뜻이 아닙니다. 우리의 구속이 "오직 흠 없고 점 없는 어린양 같은 그리스도의 보배로운 피로 된 것이니라"(벧전 1:19) 하신 것처럼, 예수 그리스도로 말미암아 우리를 구별되게, 거룩하고 흠이 없게 구속하셨다는 말씀입니다. 그 주님의 의로 옷 입혀져서, 그 의가 전가되어서 의인으로 불린다는 말입니다. 전혀 쓸모없는 무가치한 사람을, 이제는 가치 있는 사람이라고 부르시며, 불의한 우리를 의롭다고, 거룩하다고 부르신다는 것입니다. 이것이 주님의 영원하고도 예정하신 뜻이라는 것입니다.

그러니까 우리가 거룩하고 흠이 없도록 부르신 부름에 합당한 삶을 사는 것은 당연하지요. 우리의 삶에서 그러한 모습이 나타나야 한다는 말입니다. 거룩한 자들이 되었기 때문에 거룩하게 사는 것입니다. 점점 거룩해져 가는 것입니다. 거룩하게 살아서 의인이 되는 것이 아닙니다. 이 차이를 알아야 합니다. 또, 하나님께서 우리를 그렇게 예정하시고 선택하셔서 거룩하게 하시는 동기는 사랑 때문입니다. 4절에 분명히 "우리로 사랑 안에서"라고 하였습니다. 하나님의 그 크신 사랑, 아가페 사랑 때문입니다.

셋째로, 우리로 자기 아들들이 되게 하였습니다. "그 기쁘신 뜻대로 우리를 예정하사 예수 그리스도로 말미암아 자기의 아들들이 되게 하셨으니"(5절)라고 하였습니다. 하나님의 주권적인 선택의 결과는 우리를 양자로 삼는 것이었습니다. 즉, 그의 사랑으로 말미암아 우리를 하늘나라의 시민권자로, 종으로, 친구로 삼아 주셨는데, 그보다 더 귀하게 아들로 삼아 주신 것입니다. 그래서 우리가 신자가 되었을 때에 이미 그의 아들들이 되는 것입니다(요 1:12). 하나님 나라의 왕자와 공주가 된 것입니다. 그래서 만왕의 왕이신 분을 아버지라고 부르게 된 것입니다.

"너희는 다시 무서워하는 종의 영을 받지 아니하였고 양자의 영을 받았으므로 아바 아버지라 부르짖느니라"(롬 8:15)라고 하지 않았습니까? 미국 사람들은 아이를 양자로 삼는 경우가 많은데, 자기 친 아들처럼 사랑하고, 돌보고, 필요한 것들을 채워준다 하더라도, 자신의 성품이나 본성이 전달될 수는 없지요. 닮아 가기가 쉽지 않습니다. 그런데 하나님께서 우리를 양자 삼으실 때에는 성령을 통하여 자신의 의, 혹은 DNA를 심어주는 것입니다. 그래서 아들로서 모든 유업을 받기도 하지만, 정말 중요한 것은 하나님의 성품 중 우리에게 필요한 것들을 부어 주시는 것이지요.

그런데 이렇게 우리를 오래전에 택하시고 풍성하고 신령한 복을 주시며 자녀 삼으신 이유는, 우리로 하여금 하나님께 영광을 돌리게 하기 위함이었습니다. "이는 그의 사랑하시는 자 안에서 우리에게 거저 주시는 바 그의 은혜의 영광을 찬송하게 하려는 것이라"(6절)고 합니다. 즉, 우리를 창세 전에 그리스도 안에서 그 큰 사랑으로 인하여 선택하시기로 예정하셔서, 때가 되어 부르시고 모든 신령한 복들을 누리게 하시면서 거룩하고 흠이 없게 하신 궁극적인 이유는 우리로 하여금 하나님께 영광을 돌리게 하기 위함이라는 말씀입니다. 거저 주신 그 은혜의 영광을 찬송하며 살라는 말이지요.

하나님께서 그 백성을 향하여 "내 이름으로 불려지는 모든 자 곧 내가 내 영광을 위하여 창조한 자를 오게 하라 그를 내가 지었고 그를 내가 만들었느니라"(사 43:7)라고 하셨고, 이어서 "이 백성은 내가 나를 위하여 지었나니 나를 찬송하게 하려 함이니라"(사 43:21)고 하셨습니다. 그래서 바울은 데살로니가교회에 "이러므로 우리도 항상 너희를 위하여 기도함은 우리 하나님이 너희를 그 부르심에 합당한 자로 여기시고 모든 선을 기뻐함과 믿음의 역사를 능력으로 이루게 하시고 우리 하나님과 주 예수 그리스도의 은혜대로 우리 주 예수의 이름이 너희 가운데서 영광을 받으시고 너희도 그 안에서 영광을 받게 하려 함이니라"(살후 1:11-12)라고 하였습니다. 해석이 필요 없는 구절들입니다.

이렇게 오래전에 예정하시고 택하신 주님께서는 정하신 때가 되면 우리를 구속하십니다. 이미 여러분들은 모두 다 구속함을 입은 주님의 자녀들인 줄 믿습니다. 지금도 계속 택한 자녀들을 구속하십니다. 7-10절에서는 그리스도 안에서 우리(교회)가 그의 피로 말미암아 받은 구속(redemption)을 설명하고 있습니다. 사실 성경 전체는 하나님께서 인간들을 향한 구속 역사(the history of redemption)를 기록하고 있는 진리의 말씀입니다.

신약성경에서 구속이라는 단어로 쓰이는 것들 중에서 기본적으로 두 단어가 있는데,

하나는 법적인 용어로 자주 쓰인 ἀγοράζω(redeem)로 '시장에서 사다'라는 의미가 있고,

다른 하나는 λυτρόομαι(set free)로 '대가를 지불하고 노예 된 자를 풀어주다'라는 의미입니다.

본문 7절에서 쓰인 구속은 후자의 뜻에 더 가까운 의미로 쓰였습니다. 즉, 구속이란 하나님께서 죄의 노예가 된 자들을 값을 지불하고 사서 자유로이 풀어주는 것을 뜻합니다.

당시 로마 제국 산하 노예시장이 활발하였습니다. 때로는 한 식구가 다 팔리기도 했습니다. 어떤 부자가 노예를 사려고 왔다가 건강하고 힘이 좋아 쓸만한 노예를 사면서 그 가족 전체를 사 왔습니다. 연약하여 쓸모가 전혀 없는 가족도 샀습니다. 그렇지 않았다

면 가족이 생이별하는 것입니다. 그러니 얼마나 감사하겠습니다. 그런데 더 나아가 얼마 있지 않아 그 주인이 온 가족을 풀어주며 이제 자유롭게 살라고 합니다. 터전을 마련할 수 있는 집까지 마련해 주면서 은혜를 베푸는 것입니다. 그 주인은 노예를 사서 풀어주는 구속자가 된 것입니다.

물론, 우리의 구속자(Redeemer)는 예수 그리스도이십니다. 예수님의 은혜가 우리에게 넘쳐 자신을 주심으로 대가를 치르셔서, 죄와 죽음으로부터 우리를 자유롭게 하신 것입니다. 구약에 나타난 구속자(kinsman-redeemer)의 개념은 세 가지의 조건이 있었는데,

첫째는 같은 민족이어야 하고,

둘째는 반드시 그 대가를 지불할 수 있는 능력이 있어야 하고,

셋째는 의지적으로 기꺼이 그 대가를 지불해야 하는 것이었습니다. 룻기에 나오는 보아스를 기억하십니까?

그는 이 세 가지를 갖추었기 때문에 룻을 자기의 아내로 맞이할 수 있었던 것입니다. 바로 이 보아스가 예수 그리스도의 예표입니다. 주님은 우리 인간을 구속하시기에 완전한 조건을 갖추신 것입니다.

첫째, 죄 없으신 완전한 인간이었습니다.

둘째, 인간의 죄를 감당할 대가를 지불할 수 있었는데 바로 그의 피, 보혈이었습니다.

셋째, 스스로 자원하여 십자가에 매달리심으로 대가를 치렀습니다.

이렇게 인간의 죄를 위하여 완전히 대가를 치르신 구속자가 예수 그리스도 외에 누가 있었습니까? 이 설명을 7절에서 해 주고 있습니다.

죄 사함, 즉, 구속받는 자(the redeemed)는 믿는 우리입니다. 구속자이신 예수님으로부터 구속받는 사람들은 1절에서 성도라고 하였던, 우리입니다(7절). 하나님의 은혜로 예수님께서 우리 자신의 죄를 위하여 피 흘려 돌아가심을 믿어 확신하고, 그를 마음으로 받아들이고, 이제 그에게 속하여 하나님과 화목하게 되어 자녀가 된 우리들입니다. 바울은 2장에서 하나님의 풍성한 은혜가 아니었으면 우리가 어떻게 되었을까, 우리의 옛 과거의 모습을 잘 말해주고 있습니다(엡 2:1-3, 12).

사실상 우리는 허물과 죄로 말미암아 심판을 받아야 마땅한 사람들이었습니다. "전에는 우리도 다 그 가운데서 우리 육체의 욕심을 따라 지내며 육체와 마음의 원하는 것을 하여 다른 이들과 같이 본질상 진노의 자녀이었더니"(엡 2:3)라고 하였습니다. 즉, 사형선고를 받아 죽을 날만 기다리는 죄수들이었습니다. 사탄의 노예로 살던 우리를 하나님께서 그리스도로 말미암아 구속하여 주신 것입니다. 그런데 자신이 죄로부터 구속함이 필요 없다고 생각하는 사람들에게는 구속자이신 예수님이 필요 없는 것입니다. 자신이 죄의 노예이고, 아무리 노력해도 소망이 없고, 저주받아 지옥에 갈 수

밖에 없는 자임을 깨닫고 예수님이 필요하다고 생각하는 사람이 예수님께 돌아와 회개를 하여 구속함을 받는 것입니다. 내가 믿어서 구원을 받은 것이 아니라, 하나님의 주권적인 은혜로 믿게 되어서 구원을 받은 것입니다. 전도해 보신 분들은 이해하실 것입니다.

7절에 "그의 피로 말미암아 구속을 받았다"고 하지요. 즉, 우리를 구속하기 위하여서는 하나님의 아들 예수 그리스도의 피가 요구되었던 것입니다. 우리를 죄로부터 구속하기 위하여 하나님께서 치르셨던 대가는 그 아들의 피였습니다. 구약에서는 이 구속의 대가인 예수님의 보혈의 상징으로 순전하고 흠 없는 동물들의 피가 요구되었고, 그 피를 제사장이 지성소에 뿌렸던 것입니다.

"모세가 율법대로 모든 계명을 온 백성에게 말한 후에 송아지와 염소의 피와 및 물과 붉은 양털과 우슬초를 취하여 그 두루마리와 온 백성에게 뿌리며 이르되 이는 하나님이 너희에게 명하신 언약의 피라 하고 또한 이와 같이 피를 장막과 섬기는 일에 쓰는 모든 그릇에 뿌렸느니라 율법을 따라 거의 모든 물건이 피로써 정결케 되나니 피 흘림이 없은즉, 사함이 없느니라"(히 9:19-22)라고 하였습니다. 그러나 분명한 것은 "황소나 염소의 피가 능히 죄를 없이 하지 못함이라"(히 10:4)는 것입니다. 구약의 동물의 피는 예수 그리스도의 보혈을 상징하는 예표이지 그것들이 실제로 저들의 죄를 사하는 것은 아니었습니다. 그들의 죄를 생각하게 하기 위함이었다고 성경은 말합니다(히 10:1-3). 다만 "예수 그리스도의 몸을 단번에 드리심으로 말미암아 우리가 거룩함을 얻었노라"(히 10:10)

는 것입니다. 그리고 "너희가 알거니와 너희 조상의 유전한 망령된 행실에서 구속된 것은 은이나 금같이 없어질 것으로 한 것이 아니요 오직 흠없고 점없는 어린양 같은 그리스도의 보배로운 피로 한 것이니라"(벧전 1:18-19)라고 하였습니다. 그러므로 예수님의 십자가에서 피 흘리신 대속의 죽음은 우리를 죄책감으로부터, 정죄함으로부터, 죄의 권세와 능력으로부터, 사망으로부터 구속, 즉, 자유롭게 하신 것입니다. 확실히 믿으시기 바랍니다.

그리고 구속의 결과는 죄 사함입니다. "속량 곧 죄 사함을 받았느니라 이는 그가 모든 지혜와 총명을 우리에게 넘치게 하사 그 뜻의 비밀을 우리에게 알리신 것이요"(7절하-9절상)라고 하였습니다. 앞서 말한 것처럼 예수님의 보혈로 말미암아 우리에게 죄 사함이 주어졌습니다. 여기 죄 사함(ἄφεσιν)의 뜻은 '멀리 내어 버린다'(send away) 또는 법적 용어로 쓰일 때에는 '빚을 탕감해 준다, 사면해 준다'는 의미를 갖고 있습니다. 즉, 예수님께서 성도들의 죄를 실제로 지고 멀리 내어 버려 다시는 그들에게 돌아오지 않도록 하셨다는 것입니다. 그래서 "동이 서에서 먼 것같이 우리의 죄과를 우리에게서 멀리 옮기셨으며"(시 103:12), "내가 네 허물을 빽빽한 구름같이, 네 죄를 안개 같이 없이 하였으니 너는 내게로 돌아오라 내가 너를 구속하였음이니라"(사 44:22)고 하신 하나님이십니다. 즉, 구속함을 받은 우리들의 과거에 지은 죄, 현재 짓고 있는 죄, 앞으로 지을 죄, 모든 죄가 사하여져서 우리에게는 정죄함이 없는 것입니다. 물론 우리가 처음 예수를 믿음으로 회개하여 죄 사함에 이르는 구속함을 입었다고 하여서 우리가 죄를 짓지 않고 사는 것은 아닙니다. 그래서 성경은 우리에게 계속하여 우리가 짓는 죄를 자백하고 통회하며 회개하라고 가르치고 있습니다(요일 1:9). 이유는 하나님과의 교제가 우리가 짓는 죄로 말미암아 끊어지기 때문입니다. 관계가 끊어지는 것이 아닙니다.

구속받은 또 다른 결과는 모든 지혜와 총명이 우리에게 넘치는 것입니다(8절). 그래서 하나님의 뜻의 비밀을 알 수 있게 된다고 하였습니다. 구속함을 입은 성도들에게 성령을 통하여 허락하시는 하나님의 지혜입니다. "오직 하나님이 성령으로 이것을 우리에게 보이셨으니 성령은 모든 것 곧 하나님의 깊은 것까지도 통달하시느니라 사람의 일을 사람의 속에 있는 영 외에는 누가 알리요 이와 같이 하나님의 일도 하나님의 영 외에는 아무도 알지 못하느니라 우리가 세상의 영을 받지 아니하고 오직 하나님께로 온 영을 받았으니 이는 우리로 하여금 하나님께서 우리에게 은혜로 주신 것들을 알게 하려 하심이라"(고전 2:10-12)라고 하였습니다.

정말 풍성한 은혜가 아닙니까?

또한, 구속의 궁극적인 이유는 만물을 그리스도 안에서 모으기 위함입니다. 9-10절에 "그 뜻의 비밀을 우리에게 알리신 것이요 곧 그 기뻐하심을 따라 그리스도 안에서 때가 찬 경륜을 위하여 예정하신 것이니 하늘에 있는 것이나 땅에 있는 것이 다 그리스도 안에서 통일되게 하려 하심이라"라고 하였습니다. 하나님의 구속 역사가 끝나는 결과를 말하는 구절입니다.

경륜(οἰκονομία)이라는 말은 '청지기, 관리인'에서 나온 말입니다. 창세 전에 예정하신 일이 때(καιρός)가 차서 역사의 끝을 맺으신다는 것입니다. 종말론적인 의미를 포함하고 있습니다. 마지막 날에 새 하늘과 새 땅이 펼쳐지면 실제 왕으로서 다스리시는 예수님 아래 모든 사람을 모은다는 말입니다. 그때가 되면 만물은 완전히 하나가 된다는 말입니다. 지금은 분쟁이 있고, 나뉘고, 부패하고, 문제 투성이지만, 그때가 되면 다 정리가 된다는 말씀입니다. 하나님께서는 그리스도 안에서 이 계획을 시작하셨고, 그리스도 안에서 이를 완성하십니다.

사랑하는 여러분!

성도들 가운데 앞으로의 삶이 정말 의미 있고, 보람 있을 것이라는 기대나 소망이 없이 살아가는 것을 봅니다. 그런데 성경은 이런 풍성한 복을 받은 우리들이 큰 기대를 걸어도 될 만큼 놀라운 삶이 우리 앞에 놓여 있음을 보여줍니다.

이제 11-14절까지에서 구속함을 입은 우리에게 주어지는 기업(inheritance)에 대하여 말씀하고 있는데 그것을 보증하는 것이 성령님이라는 말씀입니다. "모든 일을 그의 뜻의 결정대로 일하시는 이의 계획을 따라 우리가 예정을 입어 그 안에서 기업이 되었으니"(11절)라고 하였습니다. '기업이 되었다'(ἐκληρώθημεν)는 성경 원어는 '분깃을 선택하다, 정하다'라는 뜻입니다. 문법적으로 수동

형이 쓰였기 때문에 직역을 하여서 우리 자신이 하나님의 기업이 되어 그의 상속된 소유가 되었다는 번역을 하고 있지만, 의역하면 '우리가 기업을 얻었다'라고도 말할 수 있습니다. 14절에서는 그런 의미로 쓰였습니다. 즉, 우리는 그리스도와 연합하여 유업을 받을 후사들이라는 말입니다(롬 8:17, 골 3:24).

그러면 기업, 분깃은 무엇을 말합니까?

하나님께서 우리에게 주신 모든 약속을 말합니다. 물론 완전한 유업의 상속은 주님 오시는 날, 때가 찬 경륜의 날입니다. 무엇보다, 이 기업의 기초는 예수 그리스도입니다. 11절에도 그 안에서 기업이 되었다고 하였고, 12절에서도 그리스도 안에서 전부터 바라던 우리라고 하였고, 13절에서도 그 안에서 말씀을 듣고, 믿고 성령의 인치심을 받았다고 하였습니다. 하나님의 기업에 대한 우리의 주장은 "그리스도 안에 있다"는 것입니다. 그 기초(ground), 전제가 우리가 그리스도와 연합하였다는 것입니다(롬 6:3-5). 그리스도 안에서 우리는 하나님께서 이미 하신 모든 약속들을 유업으로 받는다는 것입니다. 평안, 사랑, 자비, 은혜, 지혜, 영생, 기쁨, 승리, 지도, 능력, 용서함, 의, 진리, 하나님과의 교제, 영분별 등 모든 선한 것들을 약속하셨는데, 우리의 것이라는 말입니다. 그래서 "하나님의 약속은 얼마든지 그리스도 안에서 예가 되니 그런즉, 그로 말미암아 우리가 아멘 하여 하나님께 영광을 돌리게 되느니라"(고후 1:20)라고 하신 것입니다.

그러면 어떻게 우리가 그리스도 안에 거하게 되었습니까? 4-5절에서도 언급하였지만, 먼저 하나님께서 그 뜻대로 예정하셨다고 11절은 말합니다. 그리고 그 마음의 원대로 역사하셨다고 합니다. 무슨 일이든지 하실 수 있는 능력입니다. 그래서 우리로 하여금 영광의 찬송이 되신다고 하였습니다(12절). 한편 우리 편에서는 개인적으로 진리의 말씀인 구원의 복음을 듣고 믿었다는 것입니다(13절). 앞서 언급한 하나님의 주권과 인간의 책임의 조화입니다.

그리고 이 기업의 보증은 성령의 인치심입니다. "약속의 성령으로 인치심을 받았으니 이는 우리의 기업에 보증이 되사 그 얻으신 것을 속량하시고"(13절하-14절)하였습니다. 사람들은 언제나 어떤 일이나 사건에 대한 확인, 혹은 보증을 원합니다. 이유는 사람들의 약속은 종종 믿기 어렵기 때문입니다. 예를 들면, 우리 교회가 새 성전을 건축하면서 론을 해 주는 은행에서 모게지 보장할 수 있는 사람을 요구하였습니다. 약 150여 명 모일 때 4백만 불 공사비 가운데 3백만 불 론을 얻어서 짓는데 누군가 모게지를 반드시 낼 수 있는 사람 둘을 원하는 것이었습니다. 'Guarantor'(보증인)라고 합니다. 그래서 저와 제 아내가 보증을 서서 모게지를 얻었습니다. 나중에 교회가 재정적으로 충분히 모게지를 낼 수 있다고 생각할 때 은행에서 저희 부부를 풀어주었습니다.

그러나 우리가 누릴 영적 기업에는 하나님의 단순한 한마디 말씀이 우리에게 충분합니다. 그럼에도 불구하고 그의 풍성한 은혜로 그 약속들을 더욱 확실히 하시는데 바로 성령님을 통한 그 자신의 보증입니다(히 6:13-20). 그러니까 우리가 예수 그리스도를 믿게 될 때에 성령이 그 표로 우리 안에 거하심을 말합니다(롬 8:9, 15, 16). 그 표현을 '인치셨다'(ἐσφραγίσθητε)라고 합니다. 즉, 직인, 관인, 어인 등에 쓰인 인(seal)을 말합니다. 무엇을 뜻합니까?

첫째는, 안전성, 보장성(security)을 말합니다. 한번 인을 치면 절대 안전보장을, 인을 친 자의 보호를 뜻합니다(예: 단 6:17, 마 27:66). 실로 오묘하고도 무한한 방법으로 성령께서는 각 성도들을 아무도 막을 수 없는 고유의 인을 치셔서 성도들을 보호하며, 절대 안전보장을 확인한다는 말입니다.

둘째는, 거짓이 아닌 진실성(authenticity)을 의미합니다. 가짜가 아니라 진짜라는 말입니다. 예를 들면, 북왕국 아합 왕은 이스르엘 사람 나봇이 자기 조상의 유산인 포도원을 팔지 않겠다고 거절하자, 심히 근심하고 화가 나서 얼굴을 돌리고 침상에 누워 먹지도 않았습니다. 그러자 아합의 아내 이세벨이 남편을 나무라며, 왕권을 이용해 나봇의 포도원을 얻어 주겠다고 합니다. 그리고 아합의 이름으로 편지를 써서 성읍 장로들과 귀인들에게 보냈습니다.

이세벨은 편지에서 거짓 금식 선포를 하게 하고, 불량배 두 명을 세워 나봇이 하나님과 왕을 저주했다고 거짓 증언하게 하라고 지시합니다. 성읍 장로들과 귀인들이 이세벨의 말대로 실행하여, 나봇을 끌고 나가 돌로 쳐 죽였습니다. 그들은 나봇이 죽었다고 이세벨에게 알렸고, 이세벨은 아합에게 "일어나 포도원을 차지하라, 나봇은 죽었으니 더 이상 살아 있지 않다"고 말했습니다. 아합은 나봇이 죽었다는 말을 듣자마자 그 포도원을 차지하려고 내려가서 결국 욕심대로 차지합니다(이상 왕상 21:6-16). 바로 여기 아합 왕과 이세벨과 거짓증언을 한 불량배 등이 가짜, 거짓의 표상입니다.

성령으로 인을 쳤다 함은 하나님께서 진실로 사인을, 결재를 하셨다는 말입니다. 즉, 하나님께서 우리에게 성령을 주셨을 때는 마치 '이 사람은 내게 속한 자며, 내 나라의 진짜 시민이요, 내 가족의 한 일부다'라고 직인을 찍는 것입니다. 성령으로 인침을 받지 않은 사람은 가짜라는 말이지요.

셋째는, 소유권(ownership)을 뜻합니다. 인을 치면 인친 사람의 합법적 소유가 된다는 말입니다(예: 렘 32:10, 겔 4:6, 계 7:1-8, 9:4). 상업적으로 말하면 이미 거래가 끝났음을 말합니다. 그러므로 성령께서 성도에게 인을 치시면 이는 그때부터 공식적으로 영원히 그 성도는 하나님의 소유가 된다는 말입니다. 그래서 "너희 몸은 너희가 하나님께로부터 받은바 너희 가운데 계신 성령의 전인줄 알지 못하느냐 너희는 너희 자신의 것이 아니라 값으로 산 것이 되었으니 그런즉, 너희 몸으로 하나님께 영광을 돌리라"(고전 6:19-20)고 하신 것입니다.

넷째는, 권한(authority)을 위임하는 것을 의미합니다(예: 에 3:8, 10). 옛날에 왕이 준 반지로 인을 쳤을 때는 그 명의 그대로 권한이 위임되었던 것입니다. 성도들이 성령으로 인침을 받았을 때에는 그들은 주님의 권한을 가지고 복음을 전하고, 가르치고, 섬기고, 하나님의 말씀을 지키고 보호하도록 된 것입니다. 믿으시기 바랍니다. 아멘!

이렇게 성령으로 우리를 인치신 까닭이 무엇입니까?

14절에 "이는 우리의 기업의 보증이 되사 그 얻으신 것을 속량하시고"라고 하였습니다. 여기 보증(ἀρραμών)이라는 말에 주의를 기울일 필요가 있습니다. 주로 상업적인 용어로 많이 쓰인 이 보증(pledge, guarantee)이라는 뜻은 거래할 때 지급하는 보증금(a down payment, an earnest money)을 의미하였습니다. 이 물건은 내 것입니다라는 의미로 지불하는 돈을 말합니다. 즉, 성도들로서 우리 기업의 보증으로 성령님을 주신 것입니다. 때로는 이 단어가 약혼자의 반지에도 쓰였습니다. 결혼을 전제로 보증하는 반지가 아닙니까? 즉, 우리와 하나님과의 관계는 단지 기업을 받고 안 받고 하는 상업적인 의미에서 그치는 것이 아니라 개인적인 큰 사랑의 경험을 말하는 것입니다. 이미 풍성한 사랑과 은혜로 신령한 복을 채워 주신 하나님께서 언젠가 완전한 것으로 충만이 채워 주실 유업에 대한 보증이 성령님입니다. 확실하다는 것을 뒷받침해 주시는 것이지요. 신랑 되신 예수님의 신부로서 징표로, 하나님의 아들과 딸로서 받을 유업의 보증으로 성령님을 주셨다는 의미입니다.

끝으로, 이 기업을 주시는 목적은 하나님의 영광을 찬양하기 위함입니다. 우리를 자녀 삼으신 이유와 마찬가지로 14절에 "이는 우리의 기업의 보증이 되사 그 얻으신 것을 속량하시고 그의 영광을 찬송하게 하려 하심이라" 하시면서 긴 문장의 끝을 맺습니다. 성령으로 인치심으로 우리를 영화롭게 하시되, 궁극적인 목적은 하나님의 영광을 찬미하도록 하기 위함이라고 합니다. 이미 앞서 6절과 12절에도 반복하였듯이 그리스도 안에서 받을 우리의 기업이 이토록 놀랍고 엄청난 축복의 약속을 우리에게 보증해 주시는 목적이 단지 우리의 구원이 아니라는 것입니다. 사실 이 세상 모든 피조물은 창조주이신 하나님께 속하여져 있습니다. 그의 무한한 지혜와 사랑으로, 풍성한 은혜로 자기 형상대로 지음을 받은 인간이 타락하여 사망으로 향하는 자들을 구속하도록 택하심은 본래 하나님의 형상대로 돌아와 창조주 하나님께 속하여 있음을 깨닫고, 진정한 주인은 하나님이심을 깨닫고 그에게 영광을 돌리도록 하기 위함이라는 말입니다. 우리 자신의 영광을 위하여 구속함을 받고, 성령으로 인치심을 받은 것이 아니라는 말씀입니다. 그런데 만약 우리가 영광을 가로챈다면 그것은 하나님의 것을 도적질하는 것입니다.

사랑하는 여러분!

창세 전에 하나님께서 예정하신 대로 우리를 택하사 그리스도 안에서 자녀로 삼으시고, 모든 신령한 것으로 복을 주시되, 외아들 예수 그리스도의 피로 말미암아 죄와 사망으로부터 구속하사 자유함을 주실뿐 아니라, 우리를 하나님의 기업으로 삼으시고, 또한 우리에게 그리스도 안에서 기업을, 상속받을 유업을 이미 주셨고, 때가 되면 완전히 허락해 주신다고 하였습니다. 이 기업은 하나님께서 우리에게 하신 모든 약속이라고 하였습니다. 이 기업의 기초는 물론 예수 그리스도입니다. 그리고 이 기업의 보증으로 우리에게 성령을 주셨다고 하였습니다. 진리의 말씀인 복음을 듣고 믿는 사람에게는 누구나 할 것 없이 성령으로 인치셨다고 하였습니다. 절대 보호, 안전보장을 뜻하는 인침이며, 거짓이 아닌 진실함을 입증하는 인침이며, 하나님의 소유를 뜻하는 인침이며, 그 권한이 우리에게 위임되었음을 뜻하는 인침이었습니다. 내주하시는 성령이 이 기업의 보증이라고 하였습니다.

얼마나 감사할 말씀들입니까?

우리는 이미 주신 말씀을 통하여 약속을 기업으로 받았고, 앞으로 완전한 유업을 받을 텐데, 그것을 보증하기 위하여 성령님으로 인치셨다는 것입니다. 믿으십니까? 우리를 보호하시되 절대 안전보장을 해 주신다는 것입니다. 가짜 아들, 딸들이 아니라는 것입니다. 전지전능하신 하나님께 속한, 그의 것이라는 것입니다. 그리고 더 나아가 예수님께 주셨던 권한(마 28:18)을 우리에게 위임하셨다는 말씀입니다. 그 성령 받은 능력으로 말씀을 전하고, 가르치고, 지키라는 것입니다. 즉, 우리의 영적은행에 무한한 자원이 예치되어 있으니 필요할 때마다 꺼내 쓰라는 것입니다.

이런 예를 들어볼까요? 어느 40 가까이 된 노처녀가 엄청난 신용카드 빚을 지고 있어서 이제 더 이상 결혼은 불가능하다고 여기고 그냥 살아가는데, 한 번은 멋진 청년이 노처녀를 만나더니 사랑한다고 고백합니다. 결혼하면 그 많은 빚도 다 자기가 갚아 주겠다고 합니다. 그래서 그 약속을 믿고 노처녀는 결혼을 하였는데, 정말 남편이 된 청년이 은행에 가서 부부 이름이 다 들어간 계좌를 열고서 그 빚을 다 갚아주는 것이었습니다.

그러니 그 신부는 얼마나 감사하며 살겠습니까? 이처럼 하나님의 약속을 온전히 믿는 참된 믿음을 갖고 사는 삶이 의미가 없습니까? 그 큰 사랑을 받았음에도 좀 힘들다고 기대와 소망이 없이 그냥 살아간다면 얼마나 불행한 삶입니까? 지극히 풍성한 은혜를 입은 자, 신령한 복을 받은 자임에도 불구하고, 하나님 나라의 왕자임에도 불구하고 거지처럼 살아서 되겠습니까? 앞으로도 주실 놀라운 기업을 누리는 더 큰 축복의 삶이 우리 앞에 있음을, 창조주 하나님께서 그 아들 예수 그리스도와 함께 후사로 삼아 주실 유업을 기대하며 살아가야 하지 않겠습니까? 그럴 권한을 우리에게 주셨다고 하였습니다. 물론 우리 영광을 위해서가 아니라 하나님의 영광을 찬양하기 위하여서 라고 하였습니다. 이미 우리에게 허락하신 성령으로 말미암은 이러한 축복의 삶으로 말미암아 하나님 아버지를 영화롭게 하는 우리 모두가 되기를 축원합니다. 아멘!!

묵상 질문

1. 하나님께서 창세 전에 저를 택하셔서 거룩하게 하시고, 자녀 삼아 주셨다는 사실이 제 삶의 태도와 가치관에 어떤 영향을 주고 있습니까?

2. 예수 그리스도의 피로 이루어진 구속과 죄 사함이 저에게 얼마나 실제적이고 살아 있는 감사와 기쁨이 되고 있습니까?

3. 하나님께서 내게 주신 '기업'(하나님의 모든 약속)을 지금 이 땅에서 어떻게 믿고 누리고 있습니까?

4. 성령의 인치심이 저에게 절대적 보호, 하나님의 소유됨, 위임된 권한을 의미한다면, 저는 그 권한과 능력을 어떻게 사용하고 있습니까?

5. 하나님의 영광을 찬양하기 위해 주신 이 권한과 유업을, 저는 개인적인 목적이 아닌 하나님의 뜻에 맞게 쓰고 있는지 돌아봅시다.

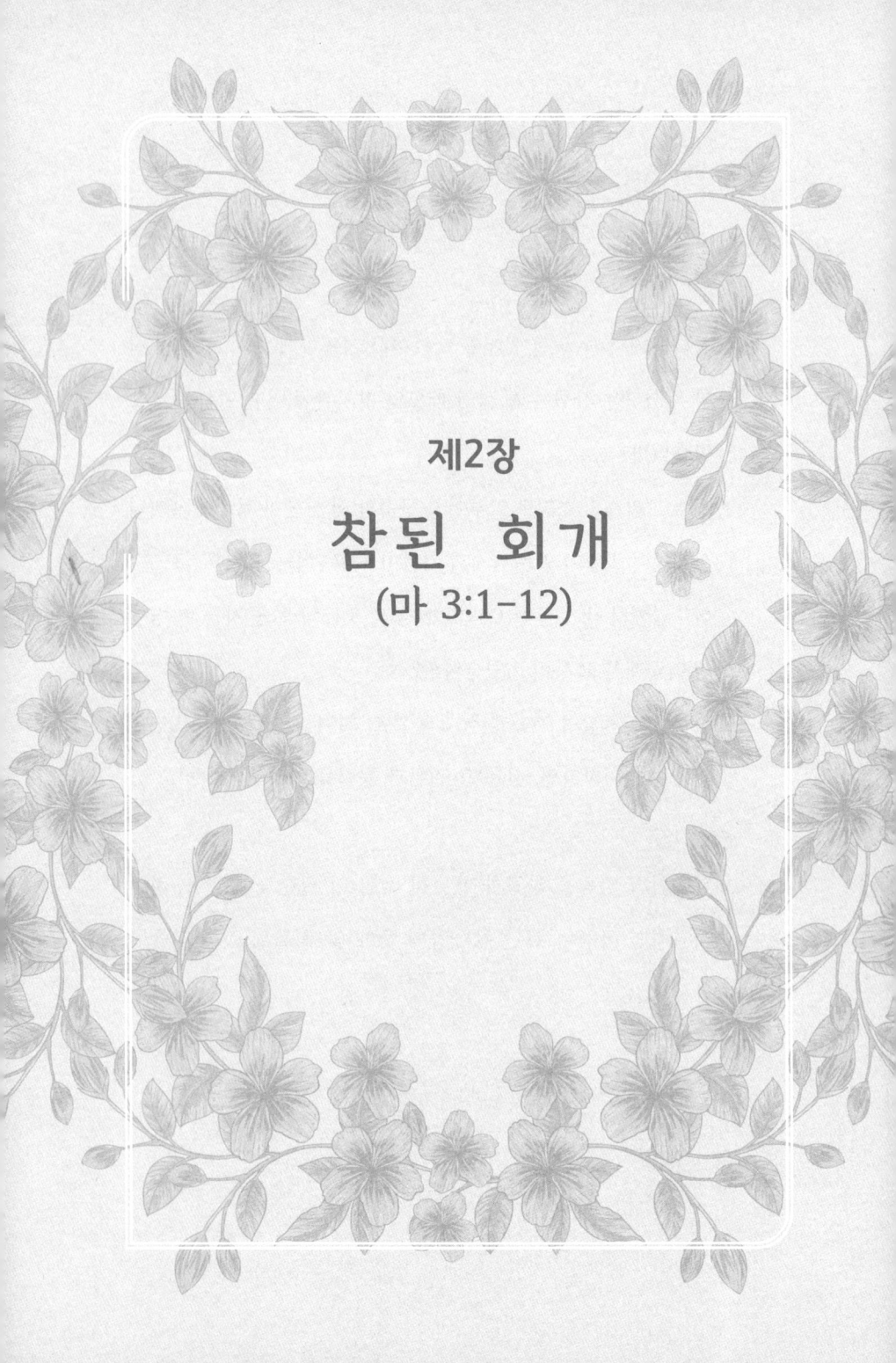

제2장

참된 회개
(마 3:1-12)

[1] 그 때에 세례 요한이 이르러 유대 광야에서 전파하여 말하되 [2] 회개하라 천국이 가까이 왔느니라 하였으니 [3] 그는 선지자 이사야를 통하여 말씀하신 자라 일렀으되 광야에 외치는 자의 소리가 있어 이르되 너희는 주의 길을 준비하라 그가 오실 길을 곧게 하라 하였느니라 [4] 이 요한은 낙타털 옷을 입고 허리에 가죽 띠를 띠고 음식은 메뚜기와 석청이었더라 [5] 이때에 예루살렘과 온 유대와 요단 강 사방에서 다 그에게 나아와 [6] 자기들의 죄를 자복하고 요단 강에서 그에게 세례를 받더니 [7] 요한이 많은 바리새인들과 사두개인들이 세례 베푸는 데로 오는 것을 보고 이르되 독사의 자식들아 누가 너희를 가르쳐 임박한 진노를 피하라 하더냐 [8] 그러므로 회개에 합당한 열매를 맺고 [9] 속으로 아브라함이 우리 조상이라고 생각하지 말라 내가 너희에게 이르노니 하나님이 능히 이 돌들로도 아브라함의 자손이 되게 하시리라 [10] 이미 도끼가 나무 뿌리에 놓였으니 좋은 열매를 맺지 아니하는 나무마다 찍혀 불에 던져지리라 [11] 나는 너희로 회개하게 하기 위하여 물로 세례를 베풀거니와 내 뒤에 오시는 이는 나보다 능력이 많으시니 나는 그의 신을 들기도 감당하지 못하겠노라 그는 성령과 불로 너희에게 세례를 베푸실 것이요 [12] 손에 키를 들고 자기의 타작 마당을 정하게 하사 알곡은 모아 곳간에 들이고 쭉정이는 꺼지지 않는 불에 태우시리라

세례 요한은 자라면서 정식 교육을 받아본 적도 없고, 무슨 관료로 일해 보지도 않았습니다. 세상적인 기준으로 보면 조금도 위대한 점을 찾기 어려운 분이었습니다. 예수님처럼 무슨 능력을 나타낸 적도 없는 사람이었습니다. 그럼에도 불구하고 예수님께서는 그를 가리켜 여자에게서 태어난 사람 중에 가장 큰 이라고 하였습니다. "내가 진실로 너희에게 말하노니 여자가 낳은 자 중에 세례 요한보다 큰 이가 일어남이 없도다"(마 11:11상)라고 말입니다. 즉, 노아, 아브라함, 이삭, 야곱, 요셉, 모세, 엘리야, 다윗 등 어떤 구약의 인물들 보다도 더 위대한 사람이라고 하십니다. 평범한 가정, 아버지 제사장 사가랴와 레위 족속의 딸 어머니 엘리사벳 사이에서 태어나, 자라면서 유대 광야에서 은둔자처럼 살았습니다. 그러나 잉태되었을 때부터 천사는 그가 주 앞에 큰 자가 된다고 하였습니다(눅 1:15). 그 이유는 무엇이었습니까?

1절에 "그때에"라고 한 것은 2장과 3장 사이에 약 30년의 세월이 흘러 예수님의 사생애가 끝을 맺고 공생애를 시작할 즈음을 가리킵니다. 세례 요한이 유대 광야에서 말씀을 전파하기 시작한 것입니다. 주의 사자로서 소리를 지르기 시작한 것입니다. 자그마치 400년 동안의 암흑기를 지나 이스라엘 백성들의 선지자로서의 사명을 감당한 것입니다. 이사야 선지자 예언의 성취였습니다. "외치는 자의 소리여 이르되 너희는 광야에서 여호와의 길을 예비하라 사막에서 우리 하나님의 대로를 평탄하게 하라"(사 40:3)

이 세례 요한이 어떻게 주의 길을 예비하였습니까(3절)?

첫째는, "회개하라"는 외침이었습니다.

2절에 "회개하라 천국이 가까왔느니라"라고 하였습니다. '회개하라'(repent)는 단어의 의미는 단지 지은 죄에 대하여 슬퍼하며 후회한다는 뜻이 아닙니다. 방향을 바꾸어 돌아서다, 마음(mind)과 의지(will)를 바꾸다, 잘못으로부터 옳은 것으로, 죄로부터 의로 돌아서는 것을 뜻합니다. 지은 죄에 대하여 슬퍼하고 통회하는 것이 분명히 회개에 포함되지만, 그 슬픔이나 후회가 생각이나 마음, 행실을 바꾸는 것은 아닙니다. 만약 죄에 대한 슬픔이 진정한 회개로 이어졌다면 하나님 뜻대로 하는 근심(sorrow)입니다(고후 7:9-10). 그래서 오히려 '회심하다'(convert)의 의미가 강합니다.

세례 요한은 이제 왕의 도래가 가까웠으니 회심하라, 완전히 삶을 바꾸라고 외치고 있는 것입니다. 이 외침은 예수님의 광야에서의 첫 외침이기도 하였습니다. "이르시되 때가 찼고 하나님 나라가 가까웠으니 회개하고 복음을 믿으라"(막 1:15)고 하였습니다. 아니 12제자들의 첫 전도에서의 외침이기도 하였습니다. "제자들이 나가서 회개하라 전파하고"(막 6:12)라고 하였습니다. 그러므로 하나님께서 이 부족한 종을 통해서도 오늘 외치십니다.

여러분! 회개하십시오. 마음을 바꾸십시오.

그냥 죄를 지어 슬퍼하고 후회하는 것으로 그치면 참된 회개가 아니라고 하였습니다. 죄에 대한 통회와 자복이 마음을 바꾸고 죄의 길에서 돌아서는 그것이 회개입니다.

둘째로, 회개하라고 외치는 동기는 천국이 가까웠기 때문이라고 하였습니다. 세례 요한은 이제 메시아, 그리스도가 곧 오기에 회개, 회심하여야 한다는 것입니다. 주님이 오시면 요구하시는 것이 회개, 회심이라는 것입니다. 회심하지 않은 심령은 천국에 맞지 않다는 것입니다. 하나님께 속하지 않은 심령이라는 것입니다. 400년이 지난 다음 이스라엘 백성들은 선지자로부터 이런 말씀을 들으리라 고는 생각지도 못하였습니다.

사실 그들은 지난 400여 년 동안 자신들을 육적인 고통에서 해방시켜 주는 왕을 기대하였던 것입니다. 기쁨과 위로의 축복을 외치는 소리가 아니라, 경고와 죄를 꾸짖는 선지자의 소리를 좋아할 수 없었던 그들이었습니다. 그러나 세례 요한의 소리는 하나님께서 부르짖는 소리였습니다. 사람들의 귀에 듣기 좋은 소리나 세상과의 타협의 소리가 아니었습니다.

2절의 천국 혹은 하나님 나라는 하나님의 다스림을 받는 예수 그리스도를 구주로 고백하는 모든 사람을 다 포함합니다. 물론 입술로만 아니라 진실로 삼위일체의 하나님 아버지, 예수 그리스도, 성령님을 믿는 사람들입니다. 즉, 진심으로 회심한 자들을 가리킵니다. 그 모형이 바로 성도들이 모인 교회입니다. 재림하실 때의 새 하늘과 새 땅이 이루어져 하나님께서 직접 통치하시는 그 나라가 완전한 천국이지만, 지금도 성령의 다스림을 받는 눈에 보이지 않는 나라를 말합니다. 이제 예수님께서 사역을 시작하시면 그 나라가 도래하니 속히 회개하라는 외침입니다.

여러분!

이미 그 나라는 도래하였습니다. 물론 완전한 그 나라의 모습은 우리 주님께서 재림하셔야 하지만, 2020여 년 전에 이 땅에 오셨다가, 성경대로 십자가에서 우리의 죄를 위하여 돌아가시고, 성경대로 사흘 만에 살아나신 후 승천하셔서 지금도 하나님 우편에 앉아 계셔서 우리를 바라보고 계십니다. 성령을 보내셔서 우리를 다스리고 계십니다. 그리고 곧 다시 오시겠다고 약속하신 대로 정말 눈앞에 하나님 나라가 펼쳐질 것이며, 세상에 심판이 있을 것이라고 하였습니다.

그런데도 두려워하지 않으시고 회개하지 않으시겠습니까? 그렇다면 당시의 사두개인이나 바리새인들과 다를 바가 무엇이겠습니까? 예수님을 십자가에 못박은 그들과 다를 바가 무엇이겠습니까? 이것이 바로 세례 요한의 사역의 초점이었습니다. 3절의 "주의 길"은 바로 회개를 말하는 것입니다. 영적으로, 도덕적으로 타락한 저들에게 죄를 고백하고 회개하라고, 구세주가 필요하다고 외치는 것이었습니다.

오늘날 얼마든지 우리에게 적용할 수 있는 말씀이 아닙니까? 주위를 바라보십시오! 이 세상이 얼마나 타락하였습니까?

하나님이 얼마나 절박하시겠습니까? 대부분의 여러분은 이미 회심하여 변화를 받아 새사람이 되셨다면 세례 요한처럼 외치셔야 합니다. 주님 다시 오실 것에 대한 준비를 하여야 합니다. 그 길을 평탄케 하여야 합니다. 뭇 심령들이 회개하고 하나님 앞에 바로 서도록 외쳐야 합니다.

셋째로, 세례 요한의 외침의 결과는 백성들이 죄를 자복하고 세례를 받았습니다. 5-6절에 "이때에 예루살렘과 온 유대와 요단 강 사방에서 다 그에게 나아와 자기들의 죄를 자복하고 요단 강에서 그에게 세례를 받더니"라고 하였습니다. 세례 요한의 외침은 예루살렘에서부터 모든 유대 지방과 요단 강을 둘러싼 모든 지역에 영향을 미쳤습니다. 사람들은 그를 선지자로 인정하였습니다(마 21:26). 유대인들의 결례식과는 전혀 다른 세례를 받았습니다. 자신들은 하나님께서 선택한 백성이라고 부르짖던 사람들이 이방인들처럼 세례를 받는 것이었습니다.

내가 언약의 백성이라는 사실, 선민이라는 사실이 그들을 구원하는 것이 아니었습니다. 부모가 믿는다고, 자녀가 구원받는 것이 아니고, 남편이나 아내가 믿는다고 그 아내나 남편이 구원받는 것이 아니지 않습니까? 대신 회개할 수 없지 않습니까? 개개인이 회개하고, 죄를 미워하고(rebuke), 예수님을 믿고 의지하여야 했습니다. 물론 그중 어떤 사람들은 가식적(superficial)으로, 거짓으로 세례를 받을 수도 있었겠지요.

요즈음도 마찬가지입니다. 사람들 앞에서는 세례도 받고, 기도도 하고, 소위 교회 생활을 하는 것 같아도, 실제로 회심하지 못한 사람들이 있습니다. 언제 알 수 있습니까? 조금 어려운 일이 닥치거나, 죄를 대하는 태도를 보면 알 수 있습니다. 정말 구원받은 사람은, 정말 회심한 사람은, 표시가 나게 되어 있습니다. 아니 사람은 속일지 몰라도 하나님을 절대 속일 수 없지요.

사랑하는 여러분!

처음 예수님을 만나 영접할 때 회심하였어도, 신앙생활을 한 지가 꽤 되었는데 아직도 어떤 죄에서 돌아서지 못하신 분이 계십니까? 하나님 살아 계십니다. 예수님께서 바라보고 계십니다. 깨끗이 해결하십시오. 돌아서십시오. 진실로 회개하여 죄 사함의 축복을 체험하며 정말 변화된 삶을 사시는 여러분 되시기를 간절히 축원합니다. 만약 여러분이 그렇게 회개한다면 그에 합당한 열매가 드러나게 되어 있습니다.

세례 요한은 회개에 합당한 열매를 맺으라고 명합니다(8절). 그 이유는 진정한 회개를 한 사람에게는 그에 합당한 열매가 보이게 되어 있어 구원을 받은 증거가 되지만, 그렇지 않은 사람은 구원받았는지 의심해 보아야 합니다.

7절에 나오는 '바리새인'의 뜻은 분리된 자들이라는 말입니다. 그들은 유대종교(Judaism)의 평신도들로, 율법의 예식이나 의식을 중요시 여기며, 자신들은 의인인데 백성들이 죄에 오염이 되어 있다고 주장하는 분리주의자들이었습니다. 또한 율법이 모든 것을 커버(cover)하지 못한다고 하여, 새로이 많은 613가지 규례를 만들어서 유대인들로 하여금 지키도록 하였습니다. 그것이 전통이 되었기에, 예수님께서 "너희의 전통으로 하나님의 계명을 범하느냐"(마 15:3)고 하였고, 외식적인 그들을 향해, "너희도 겉으로는 사람에게 옳게 보이되 안으로는 외식과 불법이 가득하도다"(마 23:28)라고 꾸짖었습니다. 한편 사두개인들은 히브리어의 의인이라는 이름에서 유래된 것으로 대제사장 족속이라고 믿는 무리들이었습니다. 그래서 물론 대제사장은 사두개파였습니다. 구약성경 가운데 특별히 토라(Torah)라고 불리는 모세오경을 강조하여 지키며, 성경을 문자적으로 해석하였습니다. 그들은 부활이나 천사들을 믿지 않았습니다. 바리새인들과는 달리 현실주의자들로 왜 부활이나 천사가 필요하냐고 주장하였습니다. 오늘날의 자유주의자들처럼 인간의 자유의지를 강하게 주장하던 자들이었습니다.

이렇게 종교적으로, 정치적으로, 사회적으로 바리새인들과 사두개인들은 공통점이 거의 없었으나, 유대의 가장 큰 공회의인 산헤드린 공회를 이루는 구성원들로서 함께 예수님을 박해하였던 것입니다. 그런 사람들이 지금 세례 요한 앞에 나와 회개하지 않고 세례를 받으려고 하는 것입니다. 아마도 호기심에서 혹은 정말 선지자인가 시험하려고 나왔겠지요. 실제 자신들의 삶에 역사하시는 하나님의 진리를 알고자 나온 것이 아닙니다. 그래서 세례 요한은 "독사의 자식들아 누가 너희를 가르쳐 임박한 진노를 피하랴 하더냐 그러므로 회개에 합당한 열매를 맺고"(7절하-8절)라고 선포합니다. 조금 심하다 할 정도로 저들의 가식과 참된 회개의 결여를 꾸짖는 것입니다. 그들을 독사의 자식이라고 표현한 것은 종교적 위선이 얼마나 위험한 가를 가르쳐 주는 것이 아니겠습니까? 예수님께서도 그들을 향하여, "뱀들아 독사의 새끼들아 너희가 어떻게 지옥의 판결을 피하겠느냐"(마 23:33)고 직접 저들의 조상은 사탄임을 말하였습니다.

사랑하는 여러분!

정말 회개를 하였으면 행동에 나타나야 한다는 것입니다. 오늘 본문의 병행 구절인 누가복음 3장 7-14절에는, 회개의 열매에 대한 질문에 대하여 더욱 자세히 그 예를 들고 있습니다. 옷이 두 벌 있으면 한 벌을 나누어 주고, 세리들도 거두어야 할 세금 외에는 거두지 말고, 군인들에게도 무죄한 자를 고소하지 하고, 돈 때문에 폭력을 쓰지 말고, 지금 받은 급료로 만족하라고 하였습니다. 즉, 회개에 "합당한" 열매라 함은 참된 회개는 그 회개를 통한 바뀌어진 삶의 모습이 나타난다는 것입니다. 가짜가 아닌 진짜(authentic/genuine) 회개는 회개 이후의 태도와 행동에서 나타나게 되어 있다는 말씀입니다. 분명히 바리새인들과 사두개인들도 참된 회개가 무엇인지 알고 있었던 사람들입니다. 구약에서도 가르치는 회개는 마음과 생각과 행동이 바뀌는 것을 의미하였습니다. 죄를 버리고 의의 길로 돌아서는 것이었습니다. "만일 의인이 돌이켜 그 공의에서 떠나 죄악을 지으면 그가 그 가운데서 죽을 것이고 만일 악인이 돌이켜 그 악에서 떠나 정의와 공의대로 행하면 그가 그로 말미암아 살리라"(겔 33:18-19)고 하였습니다. 그러므로 세례 요한이 회개하라고 외칠 때의 그 의미는 전혀 새로운 것이 아니었습니다. 죄를 버리고 의로운 삶으로 돌이키는 것이 회개임은 오래전에 받은 교훈입니다. 사실 유대 랍비들이 가장 자주 가르쳤던 것이 "너희는 스스로 씻으며 스스로 깨끗하게 하여 내 목전에서 너희 악한 행실을 버리고 행악을 그치고 선행을 배우며 정의를 구하며 학대받는 자를 도와주며 고아를 위하여 신원하며 과부를 위하여 변호하라 하셨느니라"(사 1:16-17)는 말씀이었습니다.

사랑하는 여러분!

지은 죄에 대한 인식, 후회와 슬픔이 참된 회개의 첫 단계입니다. 그러나 거기서 끝나면 참된 회개가 아닙니다. 애굽의 바로 왕도 자신의 죄를 인정하였습니다(출 9:27). 두 마음을 품었던 선지자 발람도 자신이 범죄한 것을 인정하였습니다(민 22:34). 욕심 많던 아간도(수 7:20), 사울 왕도(삼상 15:24), 아니 예수님의 제자였던 유다도 예수님을 팔아넘기고 말하기를, "내가 무죄한 피를 팔고 죄를 범하였도다"(마 27:4상)고 시인은 하였습니다.

그러나 이 사람들의 결국이 어떻게 끝이 났습니까? 다 지옥가지 않았습니까? 정말 통회하고 자복하여 철저히 회개한 사람은 돌아서게 되어 있습니다. 그것이 바로 회개에 합당한 열매라는 것입니다. 물론 궁극적으로 말하면 이러한 회개도 하나님의 선물입니다. 우리의 죄성의 힘으로 가능하겠습니까? 베드로의 설교를 들은 이방인들이 "잠잠하여 하나님께 영광을 돌려 이르되 그러면 하나님께서 이방인에게도 생명 얻는 회개를 주셨도다"(행 11:18) 하였습니다.

그러므로 세례 요한 앞에 나온 바리새인들과 사두개인들은 하나님께서 허락하시는 회개를 한 것은 아니었음이 분명합니다. 외식과 가짜였음을 알았기에 세례 요한은 그들을 향하여 계속하여 9절에 "속으로 아브라함이 우리 조상이라고 생각하지 말라 내가 너희에게 이르노니 하나님이 능히 이 돌들로도 아브라함의 자손이 되게 하시리라"라고 하였던 것입니다. 다시 말하면 그들은 자신들이 선택된 민족인 아브라함의 자손이기에 참된 회개를 하지 아니하여도 구원에 이른다고 생각한 것입니다.

세례 요한은 육적으로 아브라함의 자손이라는 것이 하늘나라에 가는 비자가 아니라는 것입니다. 유대인이라는 것에 많은 유익은 있어도(롬 3:1-2; 9:4-5) 예수 그리스도에 대한 믿음이 없으면 그 유익이 오히려 큰 심판이 된다는 것입니다. 그리고는 세례 요한은 예수님이 나타나셨으니 하나님의 심판이 가까웠다고 말합니다. 10절에 "이미 도끼가 나무 뿌리에 놓였으니 좋은 열매 맺지 아니하는 나무마다 찍혀 불에 던지우리라"라고 하였습니다. 농사를 지어본 사람들은 무슨 뜻인지 더욱 잘 이해하실 것입니다. 추수가 끝날 때가 되면 다음 해를 위하여 좋은 열매를 맺지 않은 나무는 없애 버리는 것입니다. 열매가 없는 나무도 마찬가지 이겠지요. 예수님께서 비슷한 비유를 거짓선지자를 향하여 "사람이 내 안에 거하지 아니하면 가지처럼 밖에 버려져 마르나니 사람들이 그것을 모아 다가 불에 던져 사르느니라"(요 15:6)고 하였습니다. 열매 없는 회개는 전혀 필요 없는 무가치한 것입니다. 불은 심판을 의미합니다. 예수님 스스로도 지옥 불의 심판에 대하여 종종 말씀하셨습니다(마 5:22,29; 막 9:43,47; 눅 3:17). 세례 요한은 구체적으로 회개하지 않고 자기 앞에 나온 바리새인들과 사두개인들을 향하여 외치는 말씀이지만, 그의 심판의 말씀은 모든 사람에게 해당됩니다. 회개의 합당한 열매를 맺지 않는 모든 사람에게 말입니다.

세례 요한은 마지막으로 이 무서운 심판과 아울러 소망과 위로의 말씀을 전합니다. 11-12절에 "나는 너희로 회개하게 하기 위하여 물로 세례를 베풀거니와 내 뒤에 오시는 이는 나보다 능력이 많으시니 나는 그의 신을 들기도 감당하 못하겠노라 그는 성령과 불로 세례를 베푸실 것이요"라고 하였습니다. 먼저 자신이 주는 세례와 예수님이 주실 세례가 다름을 말합니다. 자신은 내적인 회개에 따르는, 오실 왕을 맞이할 준비로 받는 외적인 예식(ceremony)이지만, 훨씬 능력이 많으신 예수님께서 베푸실 세례는 내적인, 성령으로 주시는 것이라는 말씀입니다. 이 성령은 예수님께서 제자들에게 약속하신 것이었습니다. "내가 아버지께 구하겠으니 그가 또 다른 보혜사를 너희에게 주사 영원토록 너희와 함께 있게 하리니 저는 진리의 영이라 세상은 능히 그를 받지 못하나니 이는 그를 보지도 못하고 알지도 못함이라 그러나 너희는 그를 아나니 그는 너희와 함께 거하심이요 또 너희 속에 계시겠음이라"(요 14:16-17)고 말입니다. 그리고 오순절 날 약속하신 성령을 부어 주셨습니다. 그 이후 성령은 교회(성도들)에게 주어졌습니다(고전 12:13). 그리고 내주하시는 성령님은 우리가 회개하게 하십니다.

사랑하는 여러분!

오래전에 있었던 이야기입니다. 불신가정에서 태어난 필자를 맨 처음 교회로 인도한 친구가 있었습니다. 고등학교 1학년 때 그 친구를 따라 처음 가본 교회였습니다. 그 후 2학년이 되면서 성실하게 교회를 다니다가 목사님의 설교를 듣고 개인적으로 예수님을 알고, 믿게 되었던 것입니다. 그런데 대학을 졸업하던 해에 그 친구가 미국으로 이민을 갔습니다. 그래서 나도 미국 유학을 꿈을 꾸게 되어 2년 후 조지워싱턴대학교(George Washington University)에 공학석사 과정에 입학을 하고, 그 친구를 의지하여 워싱턴 공항에 내렸는데, 친구 혼자 나온 것이 아니라 옆에 여자 친구와 함께 나왔습니다. 그래서 차에 타고 그가 사는 아파트에 도착했습니다. 놀란 것은 친구 혼자 사는 아파트가 아니고, 여자친구와 함께 살면서 필자는 리빙룸(Living Room)에 짐을 풀었습니다. 어떻게 된 것인지 친구에게 물어

보니, 자신이 계모 아래 자라서 많은 어려움이 있었는데, 그 여자친구는 계부 아래 자라서 비정상적인 생활을 하기에 자신이 데리고 산다는 것입니다. 필자가 결혼도 하지 않고 살면 죄짓는 것이니 속히 결혼식을 하든지, 따로 살아야 한다고 하였습니다. 그리고는 덧붙여 만약 이런 생활을 계속하면 하나님에게 벌을 받는다고 했습니다. 나중에 생각하니 말하지 않았어야 할 저주(?) 였습니다.

필자는 2주 만에 룸메이트를 구하여 그 아파트를 나왔습니다. 그리고 6개월 후 워싱턴 DC에 눈이 엄청 내려 3일 동안 학교와 관공서, 심지어 교회까지 문을 닫았는데, 친구가 아르바이트하던 DC 안의 세븐 일레븐 가게에 3일 묶여 있던 자가 친구에게 이제 길이 조금 뚫렸으니 나오라고 해서, 주일 저녁에 친구가 일 가다가 고속도로에서 차가 서서 트렁크에서 삽을 꺼내려고 하는데 그만 뒤에서 큰 Wagon 차가 멈추지 못하고 미끄러져서 범퍼와 범퍼 사이에 무릎이 낀 것이었습니다. 친구는 'Oh, God!'을 외치고 기절한 것입니다.

이튿날 학교를 가는데 연락이 왔습니다. DC 큰 병원에 들렀더니 친구가 수술을 받고 있는데, 오른쪽 무릎은 수술에 성공하여 살렸지만, 왼쪽 무릎은 동맥이 절단이 되어 2차 수술을 해야 한다고 내일 와보라고 합니다. 그다음 날 연락이 왔는데, 2차 수술에 실패하여 절단하지 않으면 생명에 위험이 있다고 합니다. 친구가 절단 수술 전에 사인을 해야 하는데 필자를 찾는다고 해서 급히 갔습니다. 25살 나이에 병신 소리를 듣기 싫어 죽어 버리고 싶지만, '두

눈이나 두발을 가지고 범죄하여 지옥에 가는 것보다 한눈이나 한 발을 가지고 천국에 가는 것이 낫다'(참고: 막 9:43-45)는 성경 말씀이 생각나 절단하기로 했다면서, 필자에게 기도를 부탁하면서 '태일아, 하나님이 너보다 나를 더 사랑하셔서 이렇게 벌을 내리신다. 하나님은 정말 살아 계시다'고 하면서, "God is so good" 찬양을 하며 무릎 절단 수술실로 들어가는 것이었습니다. 지켜보던 간호원들이 다 울었습니다.

사랑하는 여러분!

기회가 자주 있다고 생각하지 마십시오. 참된 회개를 할 수 있는 기회가 또 있다고 미루지 마십시오. 아직도 하나님 앞에 해결하지 못한 죄가 있으면 속히 회개하십시오. 회개의 합당한 열매를 주님께 보여 주십시오. 오늘날의 바리새인이나 사두개인처럼 살지 마십시오. 살아있는 믿음은 실제 행동으로 나타납니다. 죄를 인정하고 슬퍼하는 것 만으로는 부족합니다. 그 죄를 버리고 돌아서서 사는 태도와 행동을 보여 주셔야 합니다. 하나님과 사람 앞에 말입니다. 알곡과 가라지가 나누어질 날이 곧 옵니다. 한번 생각해 보십시오. 함께 찬양하고 예배드리고, 심지어 함께 교회에서 봉사까지 하던 사람이 나중에 지옥에서 아우성을 치고 있는 장면을 말입니다.

간절한 소원은 여러분 모두가 다 알곡이 되어 천국에서 보게 되는 것입니다. 알곡들은 참된 회개를 하고, 그 회개에 합당한 열매를 맺고 삽니다. 열매가 전혀 없는 나무도 가라지인 것이지요. 예수를 믿고 살면서 아무 열매가 없으면 그 믿음은 죽은 믿음이거나 잘못된 믿음입니다. 하나님께서 크신 은혜를 베푸사 영생에 이르는 회개를 하고, 아무리 조그마한 죄라 할지라도 철저하게 회개하여 버리고 변화된 모습 속에, 하나님과의 교제가 회복이 되어 의의 삶을 실천하시는 여러분 되시기를 간절히 축원합니다. 아멘!!

묵상 질문

1. 세례 요한이 "회개하라"라고 외쳤던 이유는 "천국이 가까웠기 때문"이었습니다. 지금 나의 삶 속에서 '천국이 가까웠다'는 사실이 구체적으로 어떻게 느껴집니까? 그것이 내 일상과 선택에 어떤 변화를 주고 있습니까?

2. 설교에서는 '참된 회개'가 단순한 죄의 인정이나 슬픔에서 끝나지 않고, 돌아서서 변화된 삶으로 나타나야 한다고 했습니다. 내가 아직 돌이키지 못한 삶의 습관이나 태도는 무엇입니까? 하나님이 원하시는 구체적인 변화는 무엇이라고 생각하십니까?

3. 세례 요한이 제시한 회개의 열매(눅 3:7-14)는 나눔, 정직, 만족이었습니다. 이 세 가지 중 지금 나의 신앙에서 가장 부족한 부분은 무엇이며, 그것을 회개의 열매로 맺기 위해 어떤 결단을 해야 하겠습니까?

4. 본문에 등장한 바리새인과 사두개인은 '회개'라는 말을 알았지만 실제 삶에는 변화가 없었습니다. 나도 혹시 신앙적인 용어와 지식은 익숙하지만, 그 열매가 없는 '종교 생활'에 머물고 있지는 않습니까?

5. 설교에서는 "기회를 미루지 말라"라고 경고했습니다. 하나님 앞에 아직 해결하지 못한 죄가 있다면 오늘, 바로 지금, 구체적으로 어떻게 회개할 수 있을까요?

제3장

참된 예배
(요 4:23-24)

23 아버지께 참되게 예배하는 자들은 영과 진리로 예배할 때가 오나니 곧 이

때라 아버지께서는 자기에게 이렇게 예배하는 자들을 찾으시느니라 **24** 하나

님은 영이시니 예배하는 자가 영과 진리로 예배할지니라

참된 신앙생활하려면 참된 예배의 회복이 너무 중요하기 때문에, '참된 예배'가 무엇인지 알아 보기 원합니다. 그리하여 늘 참된 예배를 드리는 우리 모두가 되기를 바랍니다.

예배는 살아계신 하나님을 만나는 것입니다. 만왕의 왕이요, 만주의 주가 되시는 주님을 만나는 것이 얼마나 영광스러운 일이며, 우리 인간의 최고의 은혜가 아닙니까? 그런데 오늘 성경은 만왕의 왕께서 "자기에게 이렇게 예배하는 자들을 찾으시느니라"라고 말씀하셨습니다. 우리가 찾아가 만나야 하는데, 하나님께서 만나 주시려고 찾으시는 자들이 있는데, "이렇게 예배하는 자들"을 찾아 만나 주신다고 합니다. 이 말씀 속에는 이렇게 예배하는 자들이 아니면 만나주시지 않는다는 뜻이 포함되어 있습니다.

필자는 오늘날 예배를 가볍게 여기는 교인들을 볼 때 너무 안타깝고, 특히 교회의 지도자, 직분자임에도 불구하고 예배를 소홀히 하는 분들은 하나님을 자기 친구보다도 못하게 여긴다고 생각합니다. 혹자는 말하기를 ' 예배를 능가하는 삶이 없고, 삶을 능가하는 예배가 없다'고 했는데, 전적으로 공감하는, 성경적인 선언이라고 믿습니다. "그러므로 형제들아 내가 하나님의 모든 자비하심으로 너희를 권하노니 너희 몸을 하나님이 기뻐하시는 거룩한 산 제물로 드리라 이는 너희가 드릴 영적 예배니라"(롬 12:1)고 한 것처럼, 우선 우리의 삶이 영적 예배가 되어야 합니다. 평소의 삶에서 하나님을 경외하는(두려워하는) 것이 없다면, 예배시간에도 당연히 하나님을 경외하지(두려워하지) 않습니다. 그러나 평소 살아 계신 하나님 앞(CORAMDEO)의 삶으로 하나님을 경외하는(두려워하는) 분들은 공적 예배의 중요성을 압니다. 공적 예배가 믿는 자들의 가장 큰 의무인 줄 알기에 목숨을 걸고 예배를 드립니다.

이런 차이는 종교생활과 신앙생활이 다른 데서 옵니다. 종교(religion)와 복음(gospel)의 차이입니다. Tim Keller 목사의 저서 *Center Church*에서 그는 종교와 복음의 차이를 이렇게 말하고 있습니다(Zondervan, 2012, 65).

종교	복음
내가 법을 지키기 때문에 하나님이 받아 주심 *I obey; therefore, I am accepted.*	하나님이 나를 받아 주셨기 때문에 *I am accepted; therefore, I obey.*
불안과 두려움이 하나님을 믿는 동기 *Motivation is based on fear and insecurity*	은혜로 인한 큰 기쁨이 동기 *Motivation is based on grateful joy*
하나님으로부터 무엇을 얻기 위하여 순종 *I obey God to get things from God*	하나님을 기뻐하고 그를 닮아가기 위하여 *I obey God to delight and resemble Him*
내 삶에 무엇이 잘못되면 하나님과 내 자신에게 화를 내며 원망 *When circumstances in my life go wrong, I am angry at God or myself*	내 삶에 무엇이 잘못되면 힘들어하지만 하나님이 나를 훈련시키기 위해 주신 고난으로 그 가운데 하나님 사랑이 여전함을 앎 *When circumstances in my life go wrong, I am struggled, but I know that while God may allow this for my training, He still exercise His fatherly love*

공감이 됩니다. 우리 주위에 신앙생활이 아닌 종교생활을 하고 있는 분들이 얼마나 많습니까?

본문 23절에 "아버지께 참되게 예배하는 자들"을 찾으신다고 하셨는데, 참되게 예배한다는 뜻이 무엇일까요? 참된 예배(True Worship)가 무엇입니까? 아니, 참된 예배를 논하기 전에 예배가 나를 위한 것입니까? 자기 만족을 위한 것입니까? 하나님을 위한 것입니까? 여러분 자신을 위하여 예배를 드린다면 출발부터 잘못되었습니다. 참된 예배가 아닌 것은 나를 위하여, 자기 만족을 위하여 드리는 것입니다. 예배는 하나님을 위하여 드리는 것입니다. 나자신을, 내 마음과 뜻과 정성을 드리는 것입니다.

그런데 '참으로' 예배를 드린다고 하는 것이 예배 시간에 내 감정의 표현을 다한다는 뜻입니까? 내 안의 스트레스를 다 푸는 것이 은혜를 받는 것입니까? 우리는 종종 '오늘 예배에서 은혜를 많이 받았습니다'라는 표현을 쓰는데, 그 은혜를 받았다는 것이 구체적으로 무엇입니까? 사실 세상적인 노래라 할지라도 자기의 마음을 알아주고 답답해 하는 부분을 긁어 주면 성도들도 얼마든지 눈물을 흘리며 좋아할 수 있다는 것입니다. 그것도 은혜를 받은 것이라고 이야기할 수 있나요?

구약 시대에 이스라엘 백성의 예배와 이방인들이 우상을 섬기는 예배의 가장 다른 점은 이스라엘 백성들의 예배는 하나님과의 만남이었는데 비해, 다른 이방인들의 예배는 자기들 안에 있는 종교적인 감정 혹은 욕망의 표현이었다는 것입니다. 하나님의 형상을 따라 지음을 받은 모든 사람의 마음속에는 종교적인 본성(종교심)이 있습니다. 그래서 거의 모든 사람은 진지한 순간이 되면 기도하는 마음이나 자세가 됩니다. 예수를 믿지 않는 사람들도 '기도'하는 순간은 가장 숭고하고 거룩한 시간으로 알고 있고, 자기를 위하여 기도해 준다고 하면 싫어하는 사람이 거의 없습니다. 물론 종교적인 본성과 우상 숭배는 근본적인 차이가 있는데, 우상 숭배는 종교심이 타락한 것이라고 보면 됩니다. 종교심은 '무엇인가 영원한 것을 그리워하는 마음'입니다. 이 세상의 것으로는 도저히 채울 수 없는 영원을 사모하는 마음입니다.

사도 바울은 "이는 하나님을 알만한 것이 그들 속에 보임이라 하나님께서 이를 그들에게 보이셨느니라"(롬 1:19)라고 하였습니다. 즉, 이스라엘 백성들의 가장 중요한 과제는 살아계신 하나님과 인격적으로 만나는 것이었습니다. 그러나 하나님과 만나는 데 있어서 가장 방해가 되는 것이 역시 죄 문제였습니다. 그래서 하나님께서는 그들로 하여금 반드시 자기 죄를 속하는 제사를 드리고 나아오도록 하셨습니다. 제사 행위를 통하여 자신이 얼마나 하나님 앞에 죄인인가, 자기 안에 얼마나 깊은 죄의 뿌리가 있는가 하는 것을 깨닫고, 자신을 부인함으로 하나님의 용서와 사랑을 체험할 수가 있었습니다. 그러므로 구약 시대의 은혜는 직접적인 것이 아니었습니다. 모든 것이 간접적인 것이었습니다. 구약의 율법도 자기가 하나님 앞에서 얼마나 무서운 죄인인가를 끊임없이 깨달음으로 하나님의 사랑을 알고 하나님의 은혜를 체험하도록 하는 것이었습니다. 그런데 한 번은 이스라엘 백성이 그런 간접적인 은혜로는 만족할 수가 없어서 예배를 통하여 자기 안에 있는 종교심을 표현하고 싶었습니다. 예를 들면, 아론이 금송아지를 만들어 백성들과 "앉아서 먹고 마시며 일어나서 뛰놀더라"(출 32:6)라고 표현하고 있습니다. 바로 이것은 죄의 구속이 필요가 없는 예배였고, 인간 속에 있는 타락한 본성(종교심)을 만족시켜 주는 예배였습니다.

구약 성경을 통하여 여호와 하나님은 우상들, 태양이나 돌부처처럼 인격이 없는 분이 아니며 말씀하시는 인격적인 하나님이시란 것을 거듭 말하고 있습니다. 하나님은 오직 말씀으로 이 세상에 있는 모든 것을 만드셨기 때문에 진정으로 하나님을 섬기는 것은 하나님의 말씀을 듣는 것입니다. 예배는 하나님의 말씀을 듣는 것이지 자기 안에 있는 서러움이나 답답함을 표현하는 것이 아닙니다.

피의 제사가 필요했던 이유는 죄인인 인간이 하나님 앞에 나아가기 위해서는 반드시 죄를 속하는 피가 있어야만 했기 때문입니다. 그래서 짐승을 잡는 과정에서 아무리 눈물을 많이 흘렸고, 또 짐승을 태우는 과정에서 아무리 은혜를 많이 받았다 하더라도 정말 중요한 것은 그 후에 듣는 하나님의 말씀이었습니다. 즉, 하나님의 말씀을 들으며 하나님을 만나기 위하여 피의 제사가 필요했고, 그 후에 그 말씀대로 순종하며 살아야 했습니다. 그래서 다른 종교는 예배 행위 자체로 자기 만족을 누렸지만, 하나님의 백성은 제사를 드리고 말씀을 듣고, 그것에 순종하는 삶을 통하여 은혜를 받았습니다. 제사 자체는 하나님께 나아가는 방편이었고, 더 중요한 것은 그분의 말씀을 듣고 그 말씀에 순종하며 사는 것이었습니다. 그래서 사무엘은 사울 왕에게 "순종이 제사보다 낫고 듣는 것이 숫양의 기름보다 나으니"(삼상 15:22상)라고 하였습니다. 이스라엘 백성들이 하나님의 말씀에 순종하기를 싫어했을 때에 그들의 예배는 어쩔 수 없이 자신들 안에 있는 종교적인 감정을 표현하는 것이 될 수밖에 없었습니다.

핵심은 예배가 얼마나 고상(엄숙)하느냐 고상(엄숙)하지 않느냐가 아니라, 하나님의 백성들이 하나님의 말씀을 듣고 그 뜻에 순종할 의사가 있느냐 없느냐 하는 것이었습니다. 말씀을 듣고 순종하기 싫어할 때에 이방인들의 예배와 같이 될 수밖에 없었고, 말씀에 순종하려고 할 때에는 아무리 형식이 초라해도 하나님의 임재가 있었고, 그 예배에는 성령 하나님의 엄청난 능력이 임하곤 했던 것입니다. 바로 오늘 본문에 참되게 예배하는 자들의 예배입니다.

이것은 오늘날도 마찬가지입니다. 어떤 사람들은 예배를 통하여 직접적인 자기 만족을 얻으려고 합니다. 하나님의 말씀은 들으려고 하지 않고, 한 시간의 예배 그 자체로 종교적인 갈증을 채우려고 합니다. 그러다 보니 예배가 자꾸 감각적으로 변하게 되고, 사람들의 오감을 자극해서 '은혜'를 받게 하려고 합니다. 그러나 그리스도인의 예배는 삶과 분리될 수가 없습니다.

참된 예배는 첫째, 살아계신 하나님을 인격적으로 만나, 둘째, 하나님의 말씀을 듣기 위함이며, 셋째, 생활을 통하여 순종으로 나타나야 합니다. 아멘!

그러면 본문 23절과 24절에 "하나님은 영이시니 예배하는 자가 영과 진리로 예배할지니라"라고 반복하셨는데, 어떤 예배가 '영'(in spirit)과 '진리'(in truth)로 드리는 예배인가? 어떻게 예배를 드려야 영과 진리로 드리는 예배인가?

당시 사마리아 사람들은 그리심 산에서 감정적으로 열렬히 예배를 드렸는가 하면, 대조적으로 유대인들은 예루살렘 성전에서 지적으로만 율법을 낭독하는 것으로 예배를 드렸습니다. 그래서 예수님은 영과 진리로 예배하는 자를 하나님께서 찾으신다고 하였는지도 모릅니다.

어쨌든 신약 교회는 예수님께서 십자가에 죽으심으로 우리의 죄를 속하는 단번의 제사를 드리고, 죽음에서 부활하신 후 교회에 성령을 부으심으로 믿는 자들의 모임을 성전으로 삼으셨습니다. 그래서 사도 바울은 문제가 많은 고린도교회를 향하여 "너희는 너희가 하나님의 성전인 것과 하나님의 성령이 너희 안에 계시는 것을 알지 못하느뇨"(고전 3:16)라고 말씀하였습니다. 그러므로 오늘의 신약 교회는 구약의 성전보다 더 완벽한 성전입니다. 왜냐하면 우리의 모임 안에 하나님의 성령이 거하시기 때문입니다. 우리는 함께 모여서 예배를 드리는 가운데 하나님을 만나고 하나님을 체험할 수가 있습니다. 그런데 우리가 하나님께 나아갈 때에 함부로 나아갈 수 없습니다. 하나님의 거룩하심에 합당한 방법으로 나아가야 합니다. 바로 우리의 영이 성령의 인도를 받고, 진리 안에서 예배를 드려야 합니다. 구약의 이스라엘 백성들은 눈에 보이는 예배를 드렸습니다. 눈앞에서 짐승을 잡아 죽임으로 자신들의 죄를 고백하였습니다. 또한 짐승을 죽이는 것으로 끝이 아니었습니다. 사죄의 선포를 받고 하나님 앞에 기도를 드리고 하나님의 말씀을 들었습니다. 그러나 지금 우리는 아무것도 보이지 않는 영의 예배를 드리고 있습니다. 그래서 예배드리는 것을 그저 눈에 보이는 목사님의 강연을 듣는 것이나 찬양대(성가대)의 노래를 감상하는 것으로 생각할 때가 많습니다.

그런데 여러분, 사실 예배 순서 하나하나에는 모두 신학적인 의미가 있다는 것을 아십니까? 우리가 처음에 일어서서 하나님을 송축하는 것, 신앙고백을 드리는 것, 우리의 지은 죄를 고백하고 또 사죄의 은혜를 받는 것, 하나님이 행하신 일들을 찬양하고 하나님의 말씀을 듣는 것, 헌금을 드리고 또 설교자가 축도하며 교인들을 세상에 파송하는 것 각각에 신학적인 의미가 있는 것입니다. 그냥 되는대로 하는 것이 아닙니다. 그리고 이 순서들이 성령의 인도하심을 받아야 참된 예배입니다.

설교 전에 이루어지는 죄의 고백이나 용서의 확인은 구약 이스라엘 백성이 드리던 번제에 해당합니다. 그때 우리는 그동안 하나님의 마음을 아프게 한 죄에 대하여 진심으로 애통하는 마음으로 가슴을 찢고 회개해야 합니다. 그러고 나서 다시 신앙을 확인하는 신앙고백과 새로운 마음으로 하나님을 찬양하고 주님의 말씀을 들어야 하나님을 제대로 만날 수 있습니다. 예배 가운데 하나님의 말씀을 듣는 것이 무엇보다도 중요합니다. 이 모든 순서가 건성으로 이루어지고 있다면 살아 계신 하나님을 만나는 예배가 아닌 것입니다. 그래서 예배 시간에 졸거나, 옆 사람하고 속삭이거나, 주보를 연구하거나, 전화를 가지고 장난하는 것, 자꾸 시계를 보면서 빨리 끝나지 않아 하면서 다른 생각을 한다고 하면, 지루한 시간 견디려고 애쓴다면 그 시간은 하나님을 만나는 시간이 결코 아닌 것입니다.

오늘날 우리의 예배 가운데 은혜를 받지 못하는 가장 큰 이유는 말씀을 받을 준비가 되어 있지 않기 때문입니다. 말씀을 통하여 하나님을 인격적으로 만나고자 하는 갈망이 없기 때문입니다. 하나님께서 우리에게 주신 복 중에 가장 놀라운 것은 죄성을 가진 목사들을 세워서 하나님의 말씀을 대언하게 하신 것입니다. 칼빈을 말하기를 "말씀이 목사의 입을 통해 나오는 것은, 하나님께서 공개적으로 하늘에서 말씀하시는 것이 아니라, 목사들을 도구로 삼아 말씀하시는 것이다"라고 하였습니다(기독교강요 제4권). 원천적인 권위는 성경 그 자체에 있지만, 성경을 벗어나지 않는, 성경을 그대로 설교한다면 하나님께서 직접 말씀하시는 것과 동일한 권위가 있다는 것입니다.

그러므로 설교는 하나님 영광의 절정, 영광의 얼굴을 뵙는 것입니다. 우리에게 언제 예배가 은혜가 됩니까? 바로 말씀을 통하여 우리 안에 있는 영혼의 깊은 갈급함이 하나님의 은혜로 채움을 받을 때입니다. 그런데 그 영혼의 갈급함이라고 하는 것은 결국 죄 문제이고 죄가 파생시킨 수많은 상처입니다. 그래서 설교는 인간의 깊은 본성을 해부하여 죄를 치료하고 하나님의 은혜로 채워주는 성령의 역사입니다. 그러니 설교자 자신이 하나님의 말씀을 모르고 있다면 이것은 마치 무자격 의사가 사람을 수술하겠다고 덤벼드는 것과 같습니다. 그래서 하나님의 말씀에 자신이 없는 목회자일수록 다른 것을 끌어오려고 합니다. 예배당을 꾸미는 데에, 찬양으로 대신하거나, 연극을 동원하기도 하고, 별별 인간적인 방법을 다 동원하여 앞에서 언급한 사람의 종교심을 자극하여 은혜를 끼치려고 합니다. 그러나 말씀이 아닌 다른 것으로 성도들에게 만족을 주려고 하는 것은 정직한 목회가 아닙니다.

목사는 말씀의 종, 사자(messenger)입니다. 설교자로서 부르심을 받은 것이 가장 큰 소명입니다. 기도하며 부지런히 말씀을 연구하여 오늘날 고통받으면서 살고 있는 성도들에게 그 말씀 속에 들어있는 참 의미를 전해줄 사명을 지녔으며, 거기에 목숨을 걸어야 합니다. 만약 그렇지 않고 성령의 감동이 아닌 것으로 교인들의 종교심에 만족을 주려고 하는 것은 어떤 목사님 말처럼 신학적인 매춘 행위와 같다고 했는데 동감입니다. 그래서 예배가 살아나기 위하여 가장 먼저 일어나야 하는 일이 목사가 더 이상 교인들을 두려워하지 말고, 다른 사람들에게 성공적인 목사라는 칭찬을 받을 생각도 하지 말고, 말씀 하나만 붙들고 주님께 사로잡혀야 합니다. 그렇게 하지 않으면 절대로 그 입에서 능력있는 하나님의 말씀이 나오지 않을 것입니다. 하나님을 만나고자 하는 열망이 없는 교인을 잃을 각오와 성경이 말하는 것을 정직하게 외칠 각오가 되어 있어야 합니다. 이 말씀 때문에 강대상에서 멱살을 잡혀서 끌려 내려가는 한이 있다 하더라도 성경이 말씀하는 것을 바로 전하겠다는 결심이 없다면 참된 그리스도의 종이 아닙니다. 실제로 이민 교회에서 그런 일이 종종 있었습니다. 목사가 주일에 강단에서 말씀을 선포하는 중 교인이 목사의 멱살을 잡아 끌어내리는 경우가 있었다는 말입니다. 정말 안타까운 일입니다.

사랑하는 여러분!

참된 신앙의 회복은 참된 예배에서 시작합니다. 여러분들은 얼마나 하나님을 만나는 예배를 사모하십니까? 아니 하나님께서 여러분들을 찾아 만나 주시겠다고 하는데 거절하시겠습니까? 소중한 만남을 위하여 얼마나 준비하십니까? 참된 예배를 드리고 계십니까? 미국 대통령이 백악관에서 만나기 원한다고 하면 어떤 준비를 하고 가겠습니까? 그런데 만왕의 왕이요, 만주의 주이신 하나님을 만나는데 아무런 준비 없이 교회로 향하십니까?

우리가 기억해야 할 것은 교회로 모인 우리들이 하나님의 성령이 계신 성전이라는 사실입니다. 비록 부족한 우리들이지만 우리가 하나님의 성령을 감당할 수 있는 것은 오직 예수 그리스도의 피 때문입니다. 예수 그리스도의 보배로운 피만이 우리 죄를 덮고 우리로 하여금 하나님 앞에 나아가게 합니다. 그래서 우리는 모든 세상적인 자랑을 다 버리고 오직 예수님의 십자가 만을 붙들며 하나님 앞에 나아가야 합니다. 영과 진리로 예배를 드려야 합니다.

그리고 무엇보다도 예배가 살아있기 위해서는 성령 안에서, 진리의 말씀 안에서 내가 살겠다는 각오입니다. 예배와 생활이 결코 분리될 수 없습니다. 평소에 하나님 말씀에 불순종하는 생활을 하고서 예배드리러 오면 예배가 어색하고 목사님이 멀게만 느껴질 것입니다. 예배 시간 내내 쓸데없는 염려와 잡생각에 빠져 있게 됩니다. 그러니 하나님을 만나는 예배가 되겠습니까?

그러나 평소에 최선을 다하여 하나님의 말씀에 순종하는 생활을 하고, 연약하여 죄를 지었다면 회개하고 예배에 임하면 예배 시작부터 찬송에 힘이 있고, 하나님이 함께 하시는 것을 체험할 수 있습니다. 우리는 예배를 드리면서 나 자신이 내려놓고 온전히 성령의 인도를 받아야 합니다. 하나님께서 친히 만나주시는 참된 예배는 내가 변화받는 예배입니다. "그러므로 우리는 긍휼하심을 받고 때를 따라 돕는 은혜를 얻기 위하여 은혜의 보좌 앞에 담대히 나아갈 것이니라"(히 4:16) 하였습니다. 오늘 예배하고 돌아가는 여러분의 모습이 어제의 모습과 달라야 합니다.

사랑하는 여러분!

하나님께서 여러분을 만나주시는 것이 가장 큰 복입니다. 그러면 삽니다. 치유와 회복이 일어납니다. 기적을 체험합니다. 그런 예배를 드림으로 예배 속에 항상 하나님의 은혜가 충만하게 임하기를 축원합니다. 아멘!!

묵상 질문

1. 예배는 하나님을 만나 뵙는 시간이라고 하였습니다. 나는 지금까지 예배를 하나님을 위한 것으로 드렸습니까, 아니면 나의 만족과 위로를 위한 것으로 여겨왔습니까?

2. 본문에서 예수님은 "영과 진리로" 예배하는 자를 찾으신다고 하셨습니다. 내가 드리는 예배에서 성령의 인도와 말씀의 진리가 어떻게 나타나고 있습니까? 혹은 그 두 가지 중 부족한 부분은 무엇입니까?

3. 구약의 예배에서는 피의 제사 후에 하나님의 말씀을 듣고 순종하는 것이 핵심이었습니다. 나는 주일 예배 후, 말씀을 생활 속에서 어떻게 실천하고 있습니까? 혹시 말씀을 들은 뒤에도 아무 변화 없는 신앙 습관에 머물고 있지는 않습니까?

4. 설교에서는 예배와 생활이 분리될 수 없다고 했습니다. 내 평일의 삶 속 순종과 불순종이 주일 예배에 어떤 영향을 미치고 있습니까? 하나님을 깊이 만나는 예배를 드리기 위해 이번 주에 어떤 삶의 변화를 시작해야 할까요?

5. 참된 예배는 나를 변화시키는 예배라고 했습니다. 오늘 예배를 드린 후, 나의 태도·말·행동에서 어떤 변화가 나타나야 하나님이 기뻐하시는 예배자가 될 수 있을까요?

제4장

참된 기도
(마 6:9-13)

⁹ 그러므로 너희는 이렇게 기도하라 하늘에 계신 우리 아버지여 이름이 거룩

히 여김을 받으시오며 ¹⁰ 나라가 임하시오며 뜻이 하늘에서 이루어진 것 같이

땅에서도 이루어지이다 ¹¹ 오늘 우리에게 일용할 양식을 주시옵고 ¹² 우리가

우리에게 죄 지은 자를 사하여 준 것 같이 우리 죄를 사하여 주시옵고 ¹³ 우리

를 시험에 들게 하지 마시옵고 다만 악에서 구하시옵소서 나라와 권세와 영광

이 아버지께 영원히 있사옵나이다 아멘

우리의 신앙생활에서 예배만큼 중요한 것이 기도입니다. 마음에도 없는 중언부언하는 기도가 아닌, 하나님을 향하여 진정한 마음을 쏟아부으며 일심으로 드리는 간구가 참된 기도입니다. 그런데 예수님께서 본문 첫 구절에 "그러므로 너희는 이렇게 기도하라"(6절 상)고 하시면서 그 유명한 주의 기도, 혹은 주기도문을 가르쳐 주십니다. 사실 주님의 제자들이 하나님께 드려야 할 기도의 형식(pattern), 방법(how to pray)을 말씀하시는 것입니다. 이런 식으로 기도하라는 말씀입니다. 물론 똑같이 기도하라는 것은 아닙니다. 그렇다고 해서 주기도문을 반복하지 못한다는 것은 아닙니다. 여러분의 마음을 쏟아붓는 주기도라면 하나님께서 들으십니다.

먼저 기도의 목적을 바로 알아야 하겠습니다. 결코 기도는 여러분들이 이 땅에서 잘 먹고, 잘 살고, 평안을 누리려고 하나님께 구하는 것이 아닙니다. 기도는 하나님의 선하심과 그 영광이 이 땅에 나타나도록 바라는 것입니다. 예수님께서는 "너희가 내 이름으로 무엇을 구하든지 내가 시행하리니 이는 아버지로 하여금 아들을 인하여 영광을 얻으시게 하려 함이라"(요 14:13)고 하였습니다. 마치 신령과 진정으로 드리는 예배의 목적과도 같이, 기도 또한 나의 필요가 중심이 아니라 하나님의 영광이 중심이 되는 것입니다. 단지 하나님의 약속을 붙잡고 내게도 그렇게 해 달라고 하기보다, 그의 절대주권을 인정하고, 하나님의 영광이 나타남을 보기 원하고, 그의 뜻에 순종하겠다고 구하는 것이 진정한 기도입니다. 그래서 주님께서 가르쳐 주신 기도에도 십계명처럼 먼저 하나님의 영광을 위한 기도가 나옵니다(9-10절). 그의 이름을 거룩히 여기며, 그의 나라가 임하기를 구하며, 그의 뜻이 이루어지기를 구하는 것입니다. 그리고 나서 사람들의 필요를 구하는 것입니다(11-13절 상). 물론 마지막은 다시 하나님의 영광입니다(13절 하). 기도는 결코 하나님을 설득시켜서 나의 이기적인 목적을 달성하고자 드리는 간구가 아닙니다.

첫째로, 하나님 아버지를 향한 기도입니다. 9절에 "하늘에 계신 우리 아버지여"라고 기도를 시작합니다. 하나님은 우리의 아버지이십니다. 그의 아들 예수 그리스도를 통하여 그의 가족이 된 성도들의 영적인 아버지이십니다. 불신자들은 영적으로 다른 아버지가 있습니다. 예수님께서는 주를 부인하고 거역하는 유대 지도자들에게 "너희는 너희 아비 마귀에게서 났으니 너희 아비의 욕심을 너희도 행하고자 하느니라"(요 8:44 상)라고 하였습니다. 예수 그리스도를 영접하는 자들 만이 하나님의 자녀가 되는 권세가 있다고 하였습니다(요 1:12). 세상과 구별시키고 있습니다. "보라 아버지께서 어떠한 사랑을 우리에게 주사 하나님의 자녀라 일컬음을 얻게 하셨는고 우리가 그러하도다 그러므로 세상이 우리를 알지 못함은 그를 알지 못함이니라"(요일 3:1)고 하였습니다.

만유의 창조주이시면서, 전능하시고 거룩하신 하나님이 우리의 아버지라는 의미가 무엇입니까?

1. |어떤 것에도 우리는 두려워할 필요가 없다는 것입니다. 불신 자들이나 우상을 섬기는 자들은 어떤 일이 벌어지거나 좋지 않은 환경 속에 무서워할 수 있으나, 우리는 무서워할 필요가 없다는 것입니다. 하늘에 계신 하나님이 아버지이시기 때문 입니다.

2. 미래의 불확실성에 대하여 겁낼 것이 없고, 오히려 소망을 가 진다는 것입니다. 육신의 아버지도 자기 자녀를 돕고 보호 할 줄 아는데 하물며 하늘에 계신 하나님 아버지이시겠습니 까?(마 7:11; 요 10:29).

3. 우리는 외로워할 필요가 없다는 것입니다. 가족으로부터, 친 구로부터, 다른 성도로부터, 세상으로부터 배신을 당하거나 거절을 당한다 하더라도 외로와할 이유가 없다는 것입니다. 하늘에 계신 우리 아버지께서는 우리를 버리시거나 떠나지 않으신다는 것을 알기 때문입니다(마 28:20).

4. 나 개인만 생각하는 이기심을 없애라는 것입니다. 예수님께 서는 '하늘에 계신 내 아버지여'라고 하지 않았습니다. "우리 아버지"입니다. 복수를 사용하였습니다. 이유는 하나님 아버 지의 다른 가족들과 함께 사는 자녀들이라는 말씀입니다. 우 리의 기도는 나 개인을 위한 기도가 아니라 모두의 최선을 위 하여 드리는 기도가 되어야 합니다. 그래서 은밀한 골방에서 의 기도도 중요하지만 합심하여, 함께 모여 기도하는 것이 중 요한 것입니다.

5. 기도 응답이 어디로부터 오는지, 그 무한한 자원을 가리켜 줍니다. "하늘에 계신" 하나님이십니다. 무한함을 의미합니다. 그 모든 능력과 권세를 의미합니다. 하나님이 거하시는 장소를 가리킨다기보다, 하늘에 있는 그 모든 자원이 우리가 하나님을 전폭적으로 신뢰할 때 우리의 것이 될 가능성이 있다는 것입니다. 그래서 바울은 "찬송하리로다 하나님 곧 우리 주 예수 그리스도의 아버지께서 그리스도 안에서 하늘에 속한 모든 신령한 복으로 우리에게 복 주시되"(엡 1:3)라고 하였습니다.

6. 아버지 하나님께 순종할 책임이 있다는 것입니다. 하나님 아버지의 외아들 예수 그리스도께서도 죽기까지 복종하셨다면, 하물며 양자 된 우리들이겠습니까? 하나님께 순종하는 것이 그의 아들 된 표시지요. 아버지의 뜻이 이루어진다면 자신은 어떻게 되어도 상관하지 않으셨습니다. 그래서 "누구든지 하늘에 계신 내 아버지의 뜻대로 하는 자가 내 형제요 자매요 모친이니라"(마 12:50)라고 하신 것입니다.

전지전능하신 하나님 아버지께서 기꺼이 들으시는 귀와 그 능력과 영원한 축복을 그의 자녀들이 부르짖을 때에 빌려주기 원하신다는 것입니다. 만약 그 간구가 자녀들에게 가장 좋은 것이며, 그의 뜻과 영광이 드러나는 것이라면 말입니다. 그래서 예레미야에게 명하시기를 "너는 내게 부르짖으라 내가 네게 응답하겠고 네가 알지 못하는 크고 비밀한 일을 네게 보이리라"(렘 33:3)라고 하신 것입니다. 믿으십니까?

둘째로, 하나님의 이름이 거룩하게 드러나도록 드리는 기도입니다. 9절 하반절이 "이름이 거룩히 여김을 받으시오며"라고 하였지요. 우리의 기도는 무엇보다도 먼저 하나님을 경외하며 찬양함이 있어야 한다는 것입니다. 앞서 말씀드렸듯이 기도가 그저 단순히 나의 필요한 것을 달라는 것이 아니라는 거지요. 하나님이 우리의 아버지가 된다고 해서 경망스럽게 말하거나 행동해서는 안 된다는 것입니다. '하나님의 이름'은 그의 성품, 계획, 뜻 등을 모두 말합니다. 구약에서 하나님은 이스라엘 백성들에게 상황에 따라 여러 이름으로 자신을 계시하셨습니다.

"여호와"라는 의미는 '스스로 계신 자'라는 뜻이며, 가장 많이 나오는 '엘로힘'은 '창조주', 그의 전능함을 가리키며, '엘 엘리욘'은 '하늘과 땅을 가진 자', '여호와 이레'는 '공급하시는 주님', '여호와 라파'는 '치료하시는 주님', '여호와 샬롬'은 '평화의 주님', '여호와 라아'는 '주는 우리의 목자', '여호와 삼마'는 '지금 함께 하시는 주님', '여호와 짜디크누'는 '주는 우리의 의'라는 뜻입니다. 이외에도 종종 그 이름에서 하나님 아버지가 어떤 분이라는 것을 나타내 주십니다. 그런데 이 모든 것이 그 아들 예수 그리스도의 이 땅에서의 삶에서 그대로 나타났습니다. 요한은 "말씀이 육신이 되어 우리 가운데 거하시매 우리가 그 영광을 보니 아버지의 독생자의 영광이요 은혜와 진리가 충만하더라"(요 1:14)라고 하였지요.

이러한 놀라운 이름을, 그 성품을, 계획과 뜻을 거룩히 여기라고 하였습니다. 사람이 절대로 여호와 하나님을 경외함이 없이 그 이름을 입 밖에 내지 말라는 것입니다. 망령되이 일컫지 말라는 것입니다. 그런데 요즈음 세상 사람들은 얼마나 하나님의 이름을 욕되게 합니까? 물론 마귀의 아들들이니 당연하겠지만, 성도들 가운데서도 종종 그러한 모습을 봅니다. 무의식 중인지는 알 수 없으나 하나님의 이름을 이용하고, 자신의 구차한 변명으로 사용하는 경우 말입니다.

그 이름을 거룩히 여김은 우리의 마음으로부터 시작되어야 합니다. "그러므로 너희 마음에 그리스도를 주로 삼아 거룩하게 하고"(벧전 3:15)라고 베드로는 권면합니다. 우리 마음에서부터 하나님 아버지를, 예수 그리스도를 거룩하게 할 때에 우리의 삶에서 그를 거룩하게 할 수 있습니다. 또한 하나님에 대하여 정확하게 알아야 합니다. 성경 말씀에 나타난 하나님 아버지가 어떤 분인지 잘 알 때에 그의 이름을 높여 드릴 수 있습니다.

그리고 언제 어느 곳에서나 함께 하시는, 거기도 계시는 하나님을 인식하여야 합니다. 참으로 그의 이름을 거룩히 여김은 우리 매일의 말과 행동과 생각에서 하나님 아버지께서 함께 하심을 확신하며 그에게 가까이 나아가는 것입니다. 그래서 다윗은 "내가 여호와를 항상 내 앞에 모심이여 그가 내 우편에 계시므로 내가 요동치 아니하리로다"(시 16:8)라고 한 것이 삶의 중심이, 초점이 늘 하나님께 맞추어져 있었다는 것입니다. 우리의 삶이 하나님의 뜻에 맞추어져 있을 때에 우리는 하나님 아버지의 이름을 거룩하게 하는 것입니다. 성도가 하나님께 불순종하고, 거역하며 살면 곧 하나님의 이름을 욕되게 하는 것이며, 다른 사람이 하나님을 믿고 섬길 수가 없습니다. 거룩하신 하나님은 거룩한 사람들과 교제하기 원하십니다. 바로 이 거룩한 삶이 기도 응답의 비결입니다.

또한, "나라이 임하옵시며 뜻이 하늘에서 이룬 것 같이 땅에서도 이루어지이다"(10절)라고 하였습니다. 이 땅에서 그 이름이 거룩히 여김을 받도록 기도하고 나서, 하나님 나라가 임하도록 기도하라는 예수님의 말씀입니다. 이유는 이 땅에서, 모든 세상 사람이 그 이름이 거룩히 여김을 받도록 살지 못하기 때문입니다. 그래서 그 이름이 온전히 거룩하게 되는 나라가 임하도록 기도하라는 것입니다.

성도들의 가장 큰 바람은 그 나라가 임하여 예수님이 친히 주님(The Lord)으로, 만왕의 왕으로, 만유의 주로 통치하는 것을 보는 것이지요. 물론 이미 그 영광과 권세가 임하고는 있으나, 주님께서 다시 오셔서 친히 다스리실 때까지는 아직 완전한 그 나라가 임한 것은 아닙니다. 그러므로 주님께서 그 나라가 임하도록 기도하라고 하신 것이지요. 우리가 이렇게 기도하는 것은 우리의 삶과 기도 속에 주님의 통치를 온전히 받도록 하기 위함입니다. 그런데 사실 우리의 기도들은 어떠합니까? 우리의 계획과 우리가 원하는 것들을 주로 구하지 않습니까? 마치 어린아이들처럼 우리의 느낌과 원하는 것 만을 추구하면서 말입니다. 사실 성도의 삶에서 가장 힘들어 하는 것이 옛 습관과의 싸움, 그리고 계속해서 나 자신에게만 초점이 맞추어져 있는 이기적인 마음이 아닐까요. 아직도 내 삶에 예수님이 진정 주님으로 중심이 되어있기보다는 내 자신이 중심이 되어 있지는 않는지요? 탈무드(Berakoth 21)에 하나님의 나라가 불리어지지 않는 기도는 기도가 아니라고 한 이유가 이해가 되지요.

그 나라의 가장 큰 대적은 공중권세를 잡고 사탄이 다스리는 현 세상입니다. 사탄이 다스리는 나라의 본질은 하나님의 나라와 그 백성들을 대적하는 것입니다. 그래서 예수님께서 "내 나라는 이 세상에 속한 것이 아니라"(요 18:36)고 하신 것입니다. 이 세상 인간들이 만드는 나라는 아무리 노력해도 온전한 하나님 나라가 될 수 없습니다. 어쩌면 부분적으로라도 불가능할 것입니다. 죄인이 어떻게 신성한 나라 통치의 한 부분이 될 수 있겠습니까? 그렇기 때문에 인간사회를 개선해서 하나님 나라를 이곳에 이룬다는 것이 불가능한 것입니다. 전적으로 타락한 인간은 아무리 노력해도 그 나라를 이룰 수 없습니다. 변화받은 성도들로 이루어진 교회를 통하여 그 맛을 볼 수 있기는 해도, 주님께서 재림하셔서 스스로 왕국을 건설하기 전에는 말입니다.

사실 예수님께서 2000년 전에 이 땅에 오심으로 하나님 나라는 이미 시작되었습니다. "또 여기 있다 저기 있다고도 못하리니 하나님의 나라는 너희 안에 있느니라"(눅 17:21)라고 하였습니다. 즉,

믿는 성도들의 마음에 하나님 나라가 임하였다는 것입니다. 성도들이 마음을 온전히 주께 드려, 그의 통치를 받고 살면 그 안에는 이미 하나님 나라가 임한 것입니다. 그러므로 한 사람이 예수 그리스도를 믿고, 영접하게 되면 그 나라는 거기 임하며 확장되는 것입니다. 그러므로 우리는 영혼 구원을 위하여 기도해야 합니다. 뿐만 아니라 그 마음이 온전히 주께 드려질 수 있도록 기도해야 합니다. 참으로 예수님의 지배를 받으며 살 수 있도록 말입니다.

물론 이런 내적인 하나님 나라의 임함을 위하여도 기도해야 하지만, 외적으로 이 세상 종말에 나타날 궁극적인 하나님 나라의 임함을 위하여서도 기도해야 합니다. 고린도교회 서신 마지막 기도에 바울이 "만일 누구든지 주를 사랑하지 아니하거든 저주를 받을지어다 주께서 임하시느니라"(고전 16:22)라고 할 때에, 끝 부분을 다시 번역하면 "주여 어서 오시옵소서"(Μαράνα θά)라고 한 것처럼 그 나라가 속히 도래하도록 기도하여야 합니다. 사도 베드로의 고백처럼 새 하늘과 새 땅을 기다리면서 말입니다. "우리는 그의 약속대로 의의 거하는바 새 하늘과 새 땅을 바라보도다"(벧전 3:13).

종종 어떤 이들은 하나님이 절대주권자로서 당연히 그 뜻은 이루어질 텐데 기도할 필요가 어디 있느냐고 합니다. 물론 성경은 명백하게 하나님이 절대주권자 이심을 말합니다. 그러나 또한 하나님은 사람들에게 명령하시기를 어떤 영역에서는 우리들의 의지를 활용하라고 합니다. 만약 사람이 자신 스스로 선택을 할 수 없도록 자유의지가 없이 만들어졌다면 하나님께서 어떤 말씀도 명령하실 필요가 없지요. 무의미하지요. 그리고는 불순종했다고 해서 벌하신다면 하나님은 잔혹하시고 공평치 못한 분이 되십니다. 또 만약 하나님께서 우리의 기도에 응답을 하지 않으신다면 예수님께서 우리에게 이렇게 기도하라고 가르치시는 것은 전혀 의미가 없습니다. 기도할 필요가 없으니까요.

우리의 책임은 이 딜레마를 해결하는 것이 아니라, 단지 믿고 하나님의 말씀에 순종할 뿐입니다. 그러므로 우리가 '하나님의 뜻이 이루어지기 원합니다'라고 기도할 때에는, 먼저 하나님의 뜻이 나의 뜻이 되도록 기도해야 하며, 또한 그의 뜻이 하늘에서 이루어지는 것처럼 우리 주위에서도, 이 땅에서도 성취되도록 기도해야 합니다. 우리가 아는 것은 하나님의 뜻이 언제나 이 땅에서 이루어지고 있지 않다는 것입니다. 그렇기 때문에 기도하라는 것 아니겠습니까? 어쩌면 우리의 기도가 부족하여서 그 뜻이 이 땅에서 이루어지고 있지 않는 것이지요. 우리가 완전히 이해할 수 없어도, 완전히 지혜와 은혜로운 하나님의 계획, 그 뜻이 이루어지는 것은 우리의 기도로 말미암는다는 것입니다.

사실 사람이 죽는 것이, 영원한 멸망 가운데 심판을 받는 것은 하나님의 뜻이 아닙니다. 만약 그렇다면 왜 예수님을 보내셔서 사망을 이기도록 하였습니까? 사람이 지옥으로 가게 하는 것은 하나님의 뜻이 아니었습니다. 만약 그렇다면 예수님께서 사람들을 지옥에서 영생으로 인도하려고 십자가 형벌을 받으실 필요가 없었지요. "오직 너희를 대하여 오래 참으사 아무도 멸망치 않고 다 회개하기에 이르기를 원하시느니라"(벧후 3:9 하)라고 하지 않으셨습니까? 즉, 하나님은 절대주권자 이시지만 우리로 하여금 기도하라고 하였습니다. 하늘에서 그의 뜻이 이루어진 것 같이 이 땅에서도 이루어지도록 말입니다. 이것을 기억나게 하시려고 사도 야고보는 의인의 간구는 역사하는 힘이 많다고 하였습니다(약 5:16).

본문에 "하늘에서 이룬 것 같이"라는 의미는 무엇입니까? 그것은 타락한 천사들을 제외하고, 이미 저 하늘에서 하나님을 수종드는 천사들이 하나도 빠짐없이 하나님 말씀에 철저히 순종함으로 철저하게 그 뜻이 이루어지고 있는 것입니다. 시편 103편 20절에 "능력있어 여호와의 말씀을 이루며 그 말씀의 소리를 듣는 너희 천사여 여호와를 송축하라"라고 다윗은 하나님을 수종드는 천사들을 노래했습니다. 마찬가지로 성도들이 기도할 때에 하나님의 뜻이 이 땅에서 완전히, 진정으로, 계속하여 이루어지도록 기도해야 합니다. 이 세상 모든 사람이 그 말씀에 복종하여 그 온전하신 뜻에 자신들을 맞추도록 말입니다.

참된 기도는 하나님께서 내 기도를 들으시고 응답하여 주실 줄을 믿고 구하는 것입니다(막 11:24). 기도를 잘하고 못하고 하는 기술적인 것이 문제가 아닙니다. 믿지 못하고 구하는 것이 문제입니다. 하나님의 뜻 안에서 기도를 드린 후에 응답이 오기를 기대하고 소망하며, 우리의 기도로 말미암아 하나님의 뜻이 이루어질 줄로 생각하고, 우리의 삶과 내 이웃의 삶과 교회와 세상에 변화가 있을

줄로 믿고 구하여야 합니다. 그래서 여러분의 기도로 말미암아 하나님의 뜻이 여러분 앞에 펼쳐짐을 소망하여야 합니다.

사실 하나님의 뜻에 가장 큰 대적은 교만(pride)입니다. 교만은 사탄으로 하여금 하나님과 대적하게 합니다. 불신자들에게는 하나님을 거역하여 믿지 못하게 합니다. 하나님의 뜻이 받아들여지며, 진정과 믿음으로 기도하며 그 뜻이 이루어지길 바란다면 성령의 도우심으로, 그 능력으로 나 자신의 뜻, 의지, 교만을 물리쳐야 합니다. 그리하여 사탄이 힘을 쓰지 못하도록 하여야 합니다.

또한, 우리가 이 땅에서 살아가는데 필요한 육신적인 것들과 우리의 영혼을 위하여서도 기도하라고 하십니다. 11절에 "오늘날 우리에게 일용할 양식을 주옵시고"라고 합니다. 좀 더 쉽게 말하면 '오늘 우리에게 먹을 양식을 주옵시고'라는 뜻입니다. 어쩌면 서구 사회에서 살아가는 우리들에게는 실감이 나지 않는 기도인지 모릅니다. 풍성한 나라에서, 조금만 일하면 임금도 적지 않기에 '입에 풀칠할 수 있도록 양식을 주옵소서'라는 기도는 잘하지 않을 것입니다. 그러나 예수님 당시에 보통사람의 하루 삯은 겨우 하루 먹을 양식을 살 정도였다고 합니다. 그렇기 때문에 주님께서 오늘 하루 일용할 양식을 위하여 기도하라고 하는 의미를 제자들은 잘 깨달았던 것입니다. 많은 사람이 기도는 위험한 일을 당하였을 때에, 혹은 곤경에 빠졌을 때 하나님을 부르며 해결해 달라고 기도하는 것으로만 알고, 일상적이며 평범한, 가장 기본이 되는 육신적 필요에 대한 기도는 하지 않는 것을 봅니다.

"일용할 양식"이라 함은 사람이 하루 살아가는데 가장 근본적으로 필요한 것들을 간구하라는 것입니다. 이 땅 위에서 하나님의 뜻을 이루기 위하여 우리에게 필요한 의식주와 건강, 남편, 아내, 자녀, 우리를 다스리는 정부 기관들, 필요한 내적인 평안 등을 간구하라는 것입니다. 이유는 각양 좋은 은사와 온전한 선물들이 다 위로부터 빛들의 아버지께로서 내려오기 때문입니다(약 1:17). 기도의 시작이 하늘에 계신 우리 아버지라고 하였듯이, 우리의 필요를 채우시는 분이 하나님 아버지이십니다. 우리는 때때로 내가 열심히 일해서 돈을 벌어 의식주를 해결하고, 집도 사며 자녀를 양육시키고 있다고 생각합니다. 틀린 말씀은 아닙니다만 가장 열심히 일하고 사는 사람도 모든 것을 하나님의 은혜로 여겨야 합니다. 신명기 8장 18절에 "네 하나님 여호와를 기억하라 그가 네게 재물 얻을 능을 주셨음이라 이같이 하심은 네 열조에게 맹세하신 언약을 오늘과 같이 이루려 하심이라"라고 하였습니다. 또한 하나님은 만민에게 생명과 호흡과 만물을 친히 주시는 자이심이라고 바울은 말씀하였습니다(행 17:25). 그렇습니다. 우리의 생명과 허락하신 건강과 모든 것이 다 주께로 말미암았습니다. 일할 수 있는 기회, 배우도록 하여 주신 지혜와 지식 모두가 다 하나님의 은혜인 줄 깨달으시기 바랍니다. 우리는 그것을 인정하고 그 모든 은혜를 감사하며 기도해야 합니다.

또한 기억해야 할 것은 하루 먹고살 것을 위하여 기도하는 것이지, 나의 욕심을 채우려고 기도해서는 하나님께서 듣지 않습니다.

우리가 하나님의 뜻을 이루며 그 나라가 임하도록 노력하는 데에 기본적으로 필요한 것들을 구하라고 하신 것이지, 내가 원하는 것들을 구하라고 하지 않으셨습니다. 인간의 욕망은 한이 없기 때문입니다. 그것은 결국 죄로 연결되어 타락하고 말기 때문입니다.

사실 하나님 아버지께서 이 세상 모든 사람의 필요를 채워주어야만 하는 것은 아닙니다. 다만 그를 신뢰하고 의지하는 자녀들의 필요는 채워 주시는 분입니다. 그러므로 우리는 그 필요를 위하여 기도해야 합니다. 나의 필요뿐 만 아니라 우리 형제, 자매들의 필요를 위하여 기도하는 것입니다. 그러므로 하나님께서 여러분을 축복하셔서 먹고 마시고 남는 것이 있으면 우리의 형제와 자매들을 돌보아야 할 책임이 있습니다. "심는 자에게 씨와 먹을 양식을 주시는 이가 너희 심을 것을 주사 풍성하게 하시고 너희 의의 열매를 더하게 하시리니 너희가 모든 일에 부요하여 너그럽게 연보를 함은 저희로 우리로 말미암아 하나님께 감사하게 하는 것이라"(고후 9:10-11)라고 바울은 성도의 섬기는 일을 말씀하였습니다. 여러분에게 기본적으로 필요한 것들이 채워지고, 더함이 있으면 당연히 우리의 이웃들을 돌보며 나누는 것이 하나님께서 기뻐하시는 일입니다.

일용할 양식 외에 우리를 위하여 간구하는 두 번째 기도가 12절입니다. "우리가 우리에게 죄지은 자를 사하여 준 것 같이 우리 죄를 사하여 주옵시고"입니다. 여기서 예수님께서 사용하신 죄

(ὀφείλημα; debt)라는 단어는 흔히 사용하는 죄(ἁμαρτία; sin)라는 단어와는 의미가 조금 다릅니다. 이 죄(ὀφείλημα; debt)라는 단어의 뜻은 영적으로, 도덕적으로 하나님께 갚아야 할 빚을 가리킵니다.

인간은 누구나 예외 없이 죄를 가지고 태어납니다. 죄로 말미암아 인간은 전적으로 타락하였습니다. 마음과 몸과 영혼이 다 더럽혀졌습니다. 그런데 예수 그리스도로 말미암아 십자가에서 인간의 죄 문제가 해결되었습니다. 그 십자가를 믿는 모든 사람은 죄인임에도 불구하고 의인이라 칭하시며, 더 이상 우리는 죄 때문에 궁극적인 심판은 받지 않습니다. 그러나 아직도 죄성은 남아 있기에 연약하여 죄를 짓습니다. 그때마다 하나님께 다시 빚을 지는 것입니다. 그래서 제자들에게 주님께서 가르쳐 주시는 기도에 하나님 아버지께 죄를 사하여 달라고 하는 기도를 드리라고 합니다. 아버지로서 자녀가 짓는 죄를 용서해 주시기 원하시기에 고백하라고 합니다. 이유는 죄를 지음으로 아버지와 자녀 사이가 멀어지기 때문입니다. 아버지는 늘 가까이하기 원하십니다. 그래서 "만일 우리가 우리 죄를 자백하면 저는 미쁘시고 의로우사 우리 죄를 사하시며 모든 불의에서 우리를 깨끗게 하실 것이요"(요일 1:9)라고 하신 것입니다. 예수님께서 돌아가시기 전날밤 열두 제자들을 다락방에 모으셔서 그들의 발을 씻기신 장면을 기억하십니까? 베드로가 '아니 감히 주님께서 제 더러운 발을 씻기시다니요. 안 됩니다'라고 했을 때에 주님은 '내가 너를 씻기지 아니하면 나는 너와 상관이 없다'고 하실 때에 베드로는 '그럼 발뿐 아니라 손과 머리도, 온몸을 목욕시켜 달라'고 했지요. 그때 예수님께서는 "이미 목욕한 자는 발 밖에 씻을 필요가 없느니라 온 몸이 깨끗하니라 너희가 깨끗하나 다는 아니니라"(요 13:10)고 하였습니다. 즉, 처음 예수 그리스도를 영접하여 구세주로 믿는 그 순간 하나님의 자녀들은 온 몸이 이미 깨끗함을 받았기에 영생의 길에 들어선 것입니다. 그러나 이 세상에 있는 동안에 발이 더러워진다는 것입니다. 매일 거룩하신 하나님의 기준에서 벗어난 말이나 생각이나 행동들을, 조금이라도 하나님의 말씀에 불순종한 그 무엇이 있다면 우리는 자백하여 더러워진 발을 깨끗하게 해야 한다는 것입니다. 그러면 용서해 주신다는 것입니다. 그것이 하나님 아버지의 사랑이요, 자비요 은혜인 것입니다. 그러기에 진실된 성도는 이 하나님의 용서의 약속을 악용하여 함부로 죄를 짓지 않지요. 용서하심의 큰 은혜를, 긍휼을 감사하며, 감격하며 살지요.

그런데 이 기도에 전제 조건이 있습니다. "우리가 우리에게 죄지은 자를 사하여 준 것 같이"라는 겁니다. 즉, 다른 사람이 우리에게 진 빚을 탕감하지 않으면 하나님께서 빚을 탕감해 주지 않으신다는 것입니다. 이 내용이 너무도 중요하기에 주님께서 제자들에게 가르쳐 주시는 주기도문이 끝나자마자 다시 강조하고 있습니다. 14-15절에 "너희가 사람의 과실을 용서하면 너희 천부께서도 너희 과실을 용서하려니와 너희가 사람의 과실을 용서하지 아니하면 너희 아버지께서도 너희 과실을 용서하지 아니하시리라"라고 하셨습니다. 사람이 내게 잘못한 것을 내가 진실로 용서하지 아니하면 나의 잘못도 용서받지 못한다는 말입니다. 너무나도 옳은 진리의 말씀입니다. 왜냐하면 진실한 성도는 용서하게 되어 있습니다. 금방은 아니더라도 얼마 지나지 않아 곧 용서하게 되어 있습니다. 이유는 그 심령 안에 예수 그리스도가 계시고, 성령이 내주하시는 의의 성품이 있어서 용서합니다. 긍휼히 여기는 자가 복이 있어서 긍휼히 여김을 받는다고 하였지요(마 5:7). 천국 백성의 특징입니다.

사실 하나님께 참으로 죄 용서함 받음을 체험한 성도는 다른 사람의 죄를 용서합니다. 그래서 베드로 주님께 형제가 나에게 죄를 범하면 얼마큼 용서합니까 일곱 번까지 합니까 물었을 때에 일흔 번씩 일곱 번이라고 용서하라고 하신 것입니다(마 18:21-22). 그리고 그 말씀을 마치신 후에 비유로 해 주신 이야기가 있습니다(마 18:23절 이하). 어떤 임금이 종들과 빚을 계산하는데 일만 달란트, 약 7백만 불 정도 빚을 진 종에게 그 몸과 처와 자식과 모든 소유를 다 팔아서 갚으라고 하였습니다. 그 종은 임금에게 사정하여 참아달라고, 조금씩이라도 갚아 나가겠다고 빌었습니다. 임금이 그 종을 불쌍히 여겨 그 빚 전부를 탕감해 주었습니다. 그런데 그 종이 나가서 자기에게 백 데나리온, 약 16불의 빚을 진 다른 종에게 붙들고 목을 잡고 그 돈 내놓으라는 것입니다. 이 불쌍한 종이 참으라고 어떻게 해서든지 갚겠다고 사정을 하였지만 용서하지 못하고 옥에 가둡니다. 이 모습을 바라보던 다른 친구들이 임금에게 이 사실을 알렸더니 임금이 대노(大怒)하여 말하기를 악한 종아 네가 사정하고 빌기에 네 빚을 전부 탕감하여 주었거늘 내가 너를 불쌍히 여김같이 너도 네 친구를 불쌍히 여김이 마땅치 아니하냐 하고 그 빚들 다 갚도록 저를 옥에다가 집어넣는 이야기입니다. 그리고는 "너희도 각각 중심으로 형제를 용서하지 아니하면 내 천부께서도 너희에게 이와 같이 하시리라"(마 18:35)라고 예수님이 말씀하였습니다.

　나의 많은 빚이 갚아진 은혜를 깊이 깨닫는 사람은, 자신의 죄에 대하여 진실로 회개한 사람은 당연히 내게 빚진 사람을 용서합니다. 우리는 또한 예수님을 따르는 사람들로서 본을 받고 모범을 보이는 것이 당연하지 않습니까? 깊은 긍휼을 체험했는데 남에게 긍휼을 베풀지 않는다면 예수를 진실로 믿는 하나님의 자녀라고 말할 수 없지 않겠습니까? 그래서 바울은 에베소 교인들에게 "서로 인자하게 하며 불쌍히 여기며 서로 용서하기를 하나님이 그리스도 안에서 너희를 용서하심과 같이 하라"(엡 4:32)라고 권면하였습니다. 다른 사람을 진실로 용서함은 내가 용서함 받은 것을 나타내 보이는 것입니다. 겸손한 사람이지요. 또한 용서는 나로 하여금 죄책감에서 자유하게 합니다. 용서하지 못함은 하나님으로부터 용서함 받는 것으로부터 장애가 될 뿐만 아니라 내 마음에 평안과 만족, 행복을 빼앗아 갑니다. 더 나아가 한 형제, 자매가 서로 용서하지 못할 때에는 주님의 몸 된 교회가 사명을 감당하는 데에 큰 지장을 가져다줍니다. 분열을 초래합니다. 평안을 깨뜨립니다. 반대로 서로 용서하는 모습이 나타날 때에는 교회에 큰 유익을 주며, 하나님께 영광을 돌리게 됩니다.

끝으로 "우리를 시험에 들게 하지 마옵시고 다만 악에서 구하옵소서"(13절)라고 기도하라고 하십니다. 여기 '시험'($\pi\epsilon\iota\rho\alpha\sigma\mu\acute{o}\varsigma$, temptation) 이라는 단어의 뜻은 일반적인 시험, 시련, 유혹의 의미를 다 포함합니다. 그런데 그다음에 나오는 "다만 악에서 구하옵소서"를 볼 때에 문맥상 하나님께서 우리들을 연단시키기 위하여 주시는 시련(testing)의 의미보다는, 시험이나 유혹을 말하는 것으로 여겨집니다. 즉, 야고보서 1장 13절에서 쓰인 '시험'의 의미입니다. "사람이 시험을 받을 때에 내가 하나님께 시험을 받는다 하지 말지니 하나님은 악에게 시험을 받지도 아니하시고 친히 아무도 시험하지 아니하시느니라"라고 하였으며, 이어서 14절에 "오직 각 사람이 시험을 받는 것은 자기 욕심에 끌려 미혹됨이니"라고 하였습니다. 즉, 예수님께서 우리 자신들을 위하여 기도할 때에 사탄으로부터 시험을 받아 악에 빠지지 않도록, 죄에 빠지지 않도록 기도하라는 것입니다.

유명한 초대 교부 크리소스톰은 이 부분을 해석할 때에 '예수님은 구속함을 입은 성도들이 이 세상 죄악이 만들어 내는 위험과 고통을 피할 수 있기를 기도하라는 것이며, 죄악을 멸시하고 두려워하여 그것에 빠짐으로 다가올 어려움을 피하도록 원하심이다'(John Chrysostom, Homilies on the Gospel of Saint Matthew, Homily XIX)라고 했습니다. 전적으로 동의합니다. 성도들이 시험에 빠져 죄지을 가능성이 충분히 있기에, 사탄의 먹이가 되지 말도록 기도하라는 것입니다.

시험에는 두 종류가 있습니다. 내적인 시험과 외적인 시험입니다. 앞서 야고보서 1장 13절에서 본 바와 같이 우리가 시험에 빠짐은 내적인 자기 욕심에 끌려 미혹된다고 하였습니다. 예수 그리스도를 믿어서 하나님의 자녀가 되고, 영생의 길에 들어선 우리라 하더라도 아직 죄성이 남아 있기에 그것이 작동하도록 내버려 두면 악에 빠지는 것입니다. 사도 바울도 "내 속 곧 내 육신에 선한 것이 거하지 아니하는 줄을 아노니 내가 원하는 바 선은 하지 아니하고 도리어 원치 아니하는 바 악은 행하는도다"(롬 7:18-19)라고 탄식한 적이 있습니다. 하물며 우리이겠습니까? 이 사실을 알면 죄악을 경계하고, 주님 가르쳐 주신 기도를 하게 되는 것입니다.

내적인 시험의 근원은 죄성으로 말미암는 욕심(evil desire)입니다. 그러므로 욕심이 발동할 때에는 즉각 시험에 빠지지 않도록 기도해야 합니다. 아니 미리 욕심이 발동하지 않도록 우리 육신을 절제해야 합니다. 눈, 귀, 코, 입(혀), 손과 발 등이 어디로 향하는지 선수를 쳐야 합니다. 미리 조심하셔야 합니다. 하나님 아버지께 그 육신들을 잘 지켜 달라고 기도해야 합니다. 무엇을 보고 있는지, 무슨 말을 듣고, 말하고 있는지, 무엇을 맡고 있는지, 즉, 다른 사람들의 일에 참견하고 있는지, 내 손이 무엇을 하고 있는지, 내 발이 어디로 향하고 있는지 하나님께 시험에 빠져 죄를 짓지 않게 해달라고 기도해야 합니다. 내가 감당하지 못할 시험, 유혹으로부터 피하게 해달라고 말입니다. 그래서 성경은 우리에게 "사람이 감당할 시험 밖에는 너희에게 당한 것이 없나니 오직 하나님은 미쁘사 너희가 감당치 못할 시험 당함을 허락지 아니하시고 시험 당할 즈음에 또한 피할 길을 내사 너희로 능히 감당하게 하시느니라"(고전 10:13)라고 약속하신 것입니다. 시험과 유혹이 올 때마다 이 약속의 말씀을 붙잡고 하나님께 매달려야 합니다.

또한 외적인 시험이 있습니다. 베드로전서 5장 8절에 "근신하라 깨어라 너희 대적 마귀가 우는 사자와 같이 두루 다니며 삼킬 자를 찾나니"라고 하였습니다. 즉, 외부 환경으로부터 마귀가 직접 우리를 공격하는 것을 말합니다. 이단이나 거짓 선지자들로 말미암아 진리의 말씀을 혼잡케 하여 바른 신앙을 흔든다든지, 삶에 있어서 필요한 의식주나 건강을 흔들어 연약한 신앙을 버리게 하며, 하나님을 부인하게 하는 마귀의 공격입니다. 모든 기도가 마찬가지입니다만 이 마귀의 시험에 빠지지 않으려면 기도만 해서는 곤란합니다. 기도도 열심히 하고 내가 무장해야 합니다. 훈련을 받아야 합니다.

야고보서 4장 7절에서 "그런즉, 너희는 하나님께 순복할지어다 마귀를 대적하라 그리하면 너희를 피하리라"라고 하였습니다. 이 외적인 마귀의 시험을 피하려면, 이기려면 먼저 하나님께 순복하여야 합니다. 하나님 말씀에 순종하여야 합니다. 절대복종하는 훈련이 필요합니다. 그리고 마귀를 대적하여야 합니다. 하나님의 전신갑주인 진리의 허리띠와 의의 흉배, 평안의 복음의 신, 믿음의 방패, 구원의 투구, 성령의 검 즉, 하나님의 말씀으로 말입니다(엡 6:14-17).

시험에 들지 않게 되어 악에 빠지지 않는 궁극적인 이유는 우리 심령의 바람이 항상 하나님과 올바른 관계 속에, 그를 더 알기 원하고, 사탄으로부터 방해를 받지 않는 깊은 교제를 갖기 원함인 것입니다. 하나님 아버지와 우리 사이에 그 무엇도 끼어들지 못하도록 하기 위함입니다.

여러분!

예수님께서는 마지막 때가 될수록 "미혹을 받지 않도록 주의하라"(마 24:4) 하시면서 말세에는 많은 사람이 시험에 빠지게 될 것을 경고하였습니다(마 24:10). 그래서 마지막 겟세마네 동산에서의 기도에서도 하나님 아버지께 간구하시기를, "내가 비옵는 것은 저희를 세상에서 데려가시기를 위함이 아니요 오직 악에 빠지지 않게 보전하시기를 위함이니이다"(요 17:15)고 하신 것입니다.

정말 이제 곧 21세기를 살아가는 오늘날의 세상은 악으로 가득 찬 세상이 아닙니까? 각종 악의 근원이 되는 돈이, 물질이 얼마나 사람들을 타락하게 합니까? "돈을 사랑함이 일만 악의 뿌리가 되나니 이것을 사모하는 자들이 미혹을 받아 믿음에서 떠나 많은 근심으로써 자기를 찔렀도다"(딤전 6:10)라고 하는 성경 말씀이 얼마나 진리입니까? 또 성적인 타락은 어떠합니까? 아이들이 보는 TV에서조차 동성연애가 인정이 되는 시대입니다. 정말 쉽게 악에 빠질 수 있는 세상입니다. 아이들을 제대로 기르기가 힘든 시대입니다.

여러분의 기도가운데 자신은 물론이고 가정이, 교회가 시험에 들지 않게 해 달라는 기도를 드리십니까? 그리고 하나님께 순종합니까? 말씀으로 훈련을 받습니까? 그리하지 아니하면 우리는 시험에 빠져 악의 구렁텅이에서 방황하다가 하나님 아버지의 징계로 돌아갈 수밖에 없는 지경에 이르게 됩니다.

주님이 가르쳐 주신 맨 마지막 기도는 괄호로 되어 있는 "나라와 권세와 영광이 아버지께 영원히 있사옵나이다 아멘"이라는 찬양입니다. 이유는 어떤 성경 사본에 빠져 있기 때문입니다. 그러나 비록 원본에 있었는지 없었는지 확실히 모르는 구절이라 하더라도 너무나 주기도 전체와 일치하는 구절이며, 유명한 초대 교부들을 비롯하여, 마르틴 루터 등 종교개혁자들도 인정하고 있기에 우리는 배우기 원합니다.

기도는 처음에도 하나님의 이름을 높이며 찬양하는 것으로 시작되듯이 마침도 하나님을 높이며 찬양하는 것으로 마쳐져야 한다는 것입니다. 서론과 결론이 동일하다는 의미입니다. 성도들은 하나님의 나라와 그 권세와 영광을 위하여 살고, 기도에도 고백되어져야 한다는 것입니다. 그 모든 것이 하나님 아버지께만 영원히 있다고 찬양이 드려져야 한다는 말씀입니다. 마치 다윗이 백성들 앞에서 여호와를 찬양할 때에 "여호와의 광대하심과 권능과 영광과 이김과 위엄이 다 주께 속하였사오니 천지에 있는 것이 다 주의 것이로소이다 여호와여 주권도 주께 속하였사오니 주는 높으사 만유의 머리심이니이다"(대상 29:11)라고 하였듯이 말입니다. 우리의 기도와 삶이 하나님 중심으로, 하나님께 영광을 드리겠다는 중심으로 되어져야 하겠다는 것입니다. 하나님 아버지의 절대주권을 인정하고, 믿음으로 확신하며, 우리의 모든 것이 하나님의 영광을 위하여 드려져야 하겠다는 말씀입니다. 또한, 기도의 끝맺음에 "아멘"이라고 하는 뜻은 '우리의 진지한 동의와 서약, 진실로, 반드시'라는 의미로 충성과 헌신을 뜻합니다. 즉, 성경에서 아멘이 사용될 때에는,

1. 다른 사람이 기도한 내용에 동의, 서약하며, 한 마음으로 기도한다는 표시였습니다. 신명기 27장 14절에, "레위 사람은 큰 소리로 이스라엘 모든 사람에게 말하여 이르기를 장색의 손으로 조각하였거나 부어 만든 우상은 여호와께 가증하니 그것을 만들어 은밀히 세우는 자는 저주를 받을 것이라 할 것이요 모든 백성은 아멘 할지니라"라고 하였습니다. 우상을 섬기면 하나님께 진노를 받을 것이며 저주를 받을 것이라는 진리에 동의하며 서약한다는 의미로 백성들이 아멘이라고 하는 것입니다.

2. '진실로, 반드시'라는 뜻이 있습니다. 예레미야 28장 6절에 "선지자 예레미야가 말하되 아멘 여호와는 이같이 하옵소서 여호와께서 네 예언대로 이루사 여호와의 집 기구와 모든 포로를 바벨론에서 이곳으로 다시 옮겨 오시기를 원하노라"라고 예레미야가 선지자 하나냐에게 말하였듯이, 반드시 혹은 진실로 그 모든 것이 귀환 될 것이라는 의미에서 아멘이라고 합니다. 그리고,

3. 충성과 헌신의 의미에서 사용되었습니다. "여호와 이스라엘의 하나님을 영원부터 영원까지 찬양할지어다 모든 백성들아 아멘할지어다 할렐루야"(시 106:48)라고 하였듯이, 백성들이

아멘 함으로 저들의 충성과 헌신을 다짐하는 것이었습니다. 그러므로 우리가 기도를 드린 후에 아멘이라고 하나님께 고백할 때에는 '드린 기도 내용에 전적으로 동의하며, 서약하며 반드시 이루어지기 원합니다. 그 기도의 내용에 충성하며 헌신합니다'라고 다짐하는 것입니다.

주님 가르쳐 주신 기도를 요약하면,

첫째, 하나님 아버지께 기도하는 것이며,

둘째, 무엇보다도 먼저 하나님을 위하여 간구하되 그 이름이 거룩하게 되도록 기도하며, 그 나라가 임하도록 기도하며, 하나님의 뜻이 이 땅에서도 이루어 지도록 기도하라는 것이었습니다.

세째, 우리 자신을 위한 기도로서, 근본적으로 필요한 일용할 양식을 구하라고 하였으며, 영적인 삶을 위하여 죄 용서함을 위하여 기도하되 다른 사람이 지은 죄를 용서하며 간구하라고 하였습니다.

넷째, 그 어떤 시험도 들지 않기를 위해 기도하라고 하였습니다.

다섯째, 모든 것을 통해 하나님께 영광이 되게 해달라는 기도였습니다. 그리고 끝으로 처음과 마찬가지로 하나님을 찬양하는 것이었습니다.

묵상 질문

1. 나는 기도할 때, 하나님의 이름이 거룩히 여김을 받도록 하는 간구가 내 기도의 중심에 있는가, 아니면 내 필요가 먼저 오는가?

2. "하나님의 나라가 임하소서"라는 기도를 드리면서, 나는 내 삶 속에서 그 나라의 가치를 드러내기 위해 어떤 순종을 실천하고 있는가?

3. 일용할 양식을 구하는 기도 속에서, 나는 하나님의 공급하심에 대한 신뢰와 감사가 얼마나 있는가?

4. 죄 용서를 구할 때, 나에게 상처 준 사람을 용서하는 마음이 함께 하고 있는가?

5. 시험에 들지 않기를 구하는 기도에서, 나는 내 연약함을 얼마나 인정하며 하나님께 의지하고 있는가?

6. 기도의 시작과 끝이 하나님을 찬양하는 것으로, 하나님께 영광을 돌리는가?

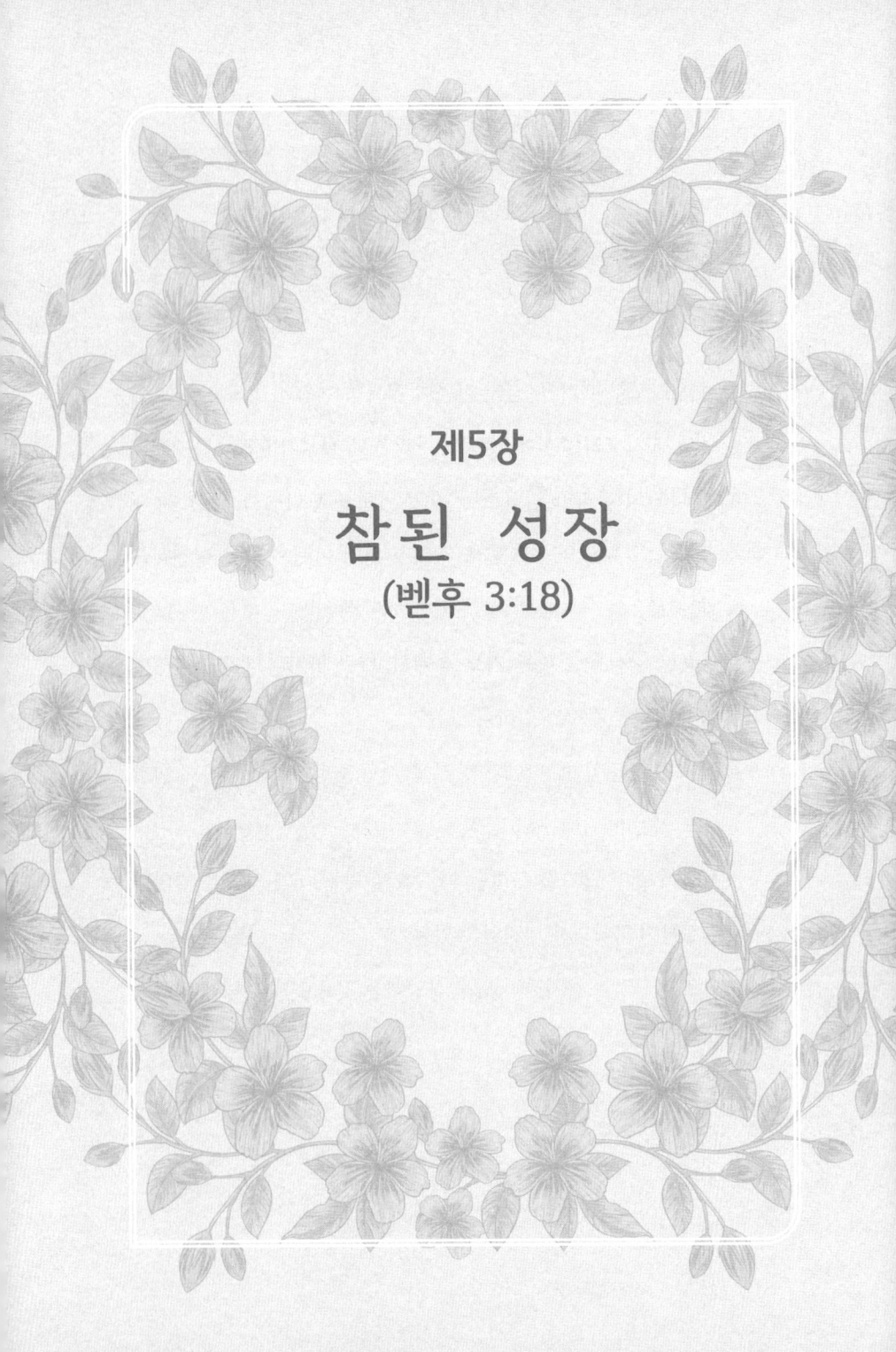

제5장

참된 성장
(벧후 3:18)

18. 오직 우리 주 곧 구주 예수 그리스도의 은혜와 그를 아는 지식에서 자라 가

라 영광이 이제와 영원한 날까지 그에게 있을지어다

삶의 길목마다 자라남은 늘 우리를 향한 하나님의 부르심입니다. 그 부르심은 단지 시간을 흘려 보내는 것이 아니라, 그 안에서 변화를 이루어 가는 성숙의 여정입니다. 우리의 신앙도 마찬가지입니다. 오랫동안 교회를 다니고, 말씀을 듣고, 기도한다고 해서 저절로 깊어지고 굳건해지는 것이 아닙니다. 참된 신앙의 성장은 하나님 은혜 안에서, 그리고 주님을 아는 지식 속에서 날마다 새롭게 자라가는 과정입니다.

우리의 육신이 어린 시절부터 성장하듯, 영혼도 계속해서 크고 성숙해져야 합니다. 그 성장 없이는 신앙이 마치 정체된 우물처럼 생명을 잃기 쉽습니다. 베드로 사도께서도 우리에게 간절히 권면하신 것처럼 "오직 우리 주 곧 구주 예수 그리스도의 은혜와 저를 아는 지식에서 자라 가라"(벧후 3:18)라는 말씀은 오늘 우리에게도 강력한 도전입니다.

이 은혜와 지식 안에서 성장함으로써, 우리는 신앙의 깊이와 넓이에서 더욱 단단해지고, 풍성한 열매를 맺게 됩니다. 특별히 이 장에서는 우리가 고집과 고정관념을 버리고 열린 마음으로 하나님의 말씀을 새롭게 받아들이며, 그분의 뜻을 따라 변화되어 가야 함을 나눕니다. 그리고 우리 자신의 영적 성장뿐 아니라, 다음 세대를 위한 책임과 사랑, 그리고 실제적 돌봄의 중요성도 함께 생각합니다. 영적 성장은 혼자 이루어지는 것이 아니라, 공동체와 세대가 함께 가꾸어 가는 생명의 길임을 기억하게 됩니다.

아마 여러분 모두는 다 자녀를 키워 보았거나 지금 키우고 있을 것입니다. 그런데 우리의 자녀들이 나이를 먹어가면서 자라지를 않으면 부모에게는 엄청 걱정거리가 될 것입니다. 왜 우리 아이는 자라지를 않을까? 전문의사들을 만나서 검진을 받고, 이유를 알려고 할 것입니다. 그리고 무슨 병 때문에 그렇다면 고침을 받게 하려고 애쓸 것입니다. 혹은 몸은 커져가는 데 정신적으로 자라지 않으면, 그래서 어른의 몸을 가졌지만 아직도 우유병을 빨고 있다면 마찬가지로 걱정하고 전문의사들을 찾아갈 것입니다.

영적으로도 마찬가지입니다. 목회를 하면서 주님의 양들을 말씀으로 먹이고, 가르치고, 돌보고 하는데 양들이 자라지를 않으면 정말 안타깝고 답답함을 느낍니다. 제가 목회를 잘못하고 있는 것인지, 말씀을 잘못 가르치고 있는 것인지, 기도가 부족한지 주님의 마음으로 고민하며 좌절하며 몸부림칩니다. 물론 우리 목사들도 영적 지도자들로 부르셨는데, 영적으로 자라지 않으면 하나님 아버지께서 근심하며 안타깝게 여길 것입니다.

이 시간 우리 자신들을 생각해 보기 원합니다. 우리들은 자라고 있습니까? 나이를 먹으면서, 신앙생활을 오래 하면서 이전보다 주님을 더 사랑하고 있습니까? 주님을 더 닮아가고 있습니까? 주님께서 천국으로 우리들을 인도하시기까지 자라야 하는 우리 모두가 아닙니까? 성화의 끝이 영광의 몸이 되는 것 아닙니까?

사도 베드로가 베드로전·후서를 기록한 목적은 "사랑하는 자들아 내가 이제 이 둘째 편지를 너희에게 쓰노니 이 두 편지로 너희 진실한 마음을 일깨워 생각하게 하여 곧 거룩한 선지자들이 예언한 말씀과 주 되신 구주께서 너희의 사도들로 말미암아 명하신 것을 기억하게 하려 하노라"(벧후 3:1-2)라고 한 것처럼, 초대교회 당시 신앙 때문에 로마 제국으로부터 핍박을 받으며 고난 가운데 소아시아 지방에서 흩어져 살던 디아스포라 성도들에게 위로와 격려와 함께 그동안 선지자와 사도들의 말씀을 기억하게 하기 위함이라고 하였습니다. 그들의 진지한 마음을 일깨워서 말입니다.

우선 베드로전서를 요약하면, 그들이 시련의 시간들을 통과하면서 훗날 주님을 만날 소망 가운데 오히려 "오직 너희는 택하신 족속이요 왕 같은 제사장들이요 거룩한 나라요 그의 소유가 된 백성이니 이는 너희를 어두운 데서 불러 내어 그의 기이한 빛에 들어가게 하신 이의 아름다운 덕을 선포하게 하려 하심이라"(벧전 2:9)라고 하였습니다. 그들의 정체성을 일깨워 줍니다.

열린교회 김남준 목사는 '그리스도인은 누구인가'라는 책에서 이를 '존재의 울림'이라는 표현을 사용하였습니다(생명의말씀사, 2018, 7 & 23). 택하신 족속으로, 왕 같은 제사장으로, 거룩한 나라로, 그의 소유된 백성으로서의 울림이 있다면, 주님의 아름다운 덕을 선포하기 위하여 억울하게 고난을 받는 중에도, 고통 중에도 보복하려고 하지 말고, 오히려 우리 주님이 당하신 고난에 자신도 동참하고 있음을 기쁘게 여기라고 하였습니다. 하나님이 허락하신 모든 권위에 '순복하라'고 하였습니다. 시민으로서 악한 왕 앞에서도, 종(고용인)으로서 주인(고용주) 앞에서도, 아내로서 남편에게도 말입니다. 악을 악으로 갚지 말고 도리어 복을 빌라고 하였습니다. 그리고 영적 지도자들에게 목양을 하면서 억지로 하지 말라, 돈 때문에 하지 말라. 양무리의 본이 되라고 하였습니다. 어찌하든지 하나님의 영광을 위하여 '겸손하라'고 하였습니다.

그리고 베드로후서에서는 1장에서 우리가 도덕적으로, 윤리적으로 부패하고 타락할까 경고하면서 조심하라고 하였으며, 2장에서는 거짓교사들에게 속지 않도록 분별력을 가지고 준비하며, 3장에서는 하나님의 심판은 과거에도 있었고 앞으로 있을 것임을 상기시키며 무법한 자들과 조롱하는 자들을 잠잠하게 합니다. 예수 그리스도의 주되심을 인정하는 성도들을 위하여 말입니다. 즉, 베드로전서에서는 주님이 목자처럼 고난 중에 있는 성도들을 위로하였다면, 베드로후서에서는 선지자처럼 경고하며 예언합니다. 그리고 마지막 결론은 오늘 읽은 본문 "오직 우리 주 곧 구주 예수 그리스도의 은혜와 저를 아는 지식에서 자라 가라 영광이 이제와 영원한 날까지 저에게 있을찌어다"(18절)입니다. 우리에게 "자라 가라"라고 명합니다.

첫째는 은혜(χάρις) 안에 자라 가라고 하며,
둘째는 주님을 아는 지식(γνῶσις) 안에 자라 가라고 합니다.

척 스윈돌(Chuck Swindoll) 목사는 이 구절을 설명하면서 '은혜 안에 자라 가면 더욱 인내하며 지속적으로 사랑할 수 있다. 주님을 아는 지식이 자라 가면 강해질 수 있다. 은혜 안에 자라가면 열정적으로 사역을 감당할 수 있다. 주님을 아는 지식이 자라가면 분별력이 더해진다. 은혜는 우리를 여유롭게 한다. 주님을 아는 지식은 우리를 생각하게 한다. 은혜는 우리를 겸비하게 한다. 주님을 아는 지식은 우리를 흔들리지 않게 한다'라고 하였고(Insights on Jmaes, 1&2 Peter, Zondervan, 2010, 329), 존 맥아더(John McArthur) 목사는 '우리는 주와 구세주가 되시는 예수 그리스도를 아는 지식을 통하여 은혜 안에 자라가야 한다. 그의 은혜로 우리의 죄를 용서받는다. 용서받은 자녀들은 말씀을 먹으며, 주님과 교제한다. 그 결과 주님을 아는 지식이 더해간다'라고 하였습니다(*NT Commentary 2*, Peter & Jude, Moody Publishers2005, 137).

박윤선 목사는 이 구절을 설명하며 '신자는 은혜와 진리 지식에 장성해야 비진리에 미혹받지 않는다. 영적 성장이 없는 자는 신앙에 병든 자니, 심령이 어두워져서 쉽게 넘어진다'라고 하였습니다(성경주석 히브리서/공동서신, 영음사, 1973, 330-331). 특히 주님을 아는 지식은 머리로 아는 지식이 아니라 경험적으로 아는 지식을 말합니다. 결혼한 부부가 서로 잘 알듯이 말입니다.

여러분은 지난 시간까지 영적으로 자랐습니까? 주님의 은혜 안에 성장했습니까? 주님을 아는 지식이 더해갔습니까? 자라지 않는다는 것은 그 안에 생명이 없거나, 침체를 가리킵니다. 반면에 자란다는 것은 변화를 가리킵니다. 아이들이 자라가면서 키도 크고 몸도 커집니다. 육체적으로만 아니라 정신적으로도 자랍니다. 변합니다. 물론 나쁘게 변하는 것이 아니라, 성경적으로 바람직하게 변합니다. 고정관념에 얽매이지 않습니다. 생각의 폭이 넓어집니다. 그러한 변화가 없다면 부모에게 큰 걱정입니다. 무언가 이상한 것입니다.

예를 들어볼까요? 우리 주님이 오늘 여기 이 자리에 함께 하십니까? 성령님이 함께 하십니까? 네, 물론입니다. 주님께서 약속하셨습니다. "내가 세상 끝날까지 너희와 항상 함께 있으리라"(마 28:20)라고 하셨고, 승천하신 후 10일 만에 성령을 보내주셨습니다. 우리에게 인치셨습니다. 떠나지 않으신다고 했습니다. 그 이후 오늘날까지 모든 믿는 자들과 함께 하십니다.

그런데 왜 함께 해 달라고 기도하십니까? 믿지 못해서 그렇습니까? 아버지가 옆에 있는데, 아버지에게 함께 해달라고 하면 말이 됩니까? 물론 구약 시대에는, 성령님을 모든 믿는 자들에게 보내주기 전에는 때로 성령을 거두어 가셨습니다. 그래서 다윗이 회개하며, "나를 주 앞에서 쫓아내지 마시며 주의 성령을 내게서 거두지 마소서"(시 51:11)라고 기도했습니다. 하지만 신약의 성도들, 우리와는 항상 함께 하시며 결코 떠나지 않으십니다.

또 하나 예를 들겠습니다. 많은 분이 기도할 때 '우리가 하나되게 하소서'라고 합니다. 그런데 아십니까? 우리 예수님이 십자가에서 돌아가시기 전에 제자들을 위하여 기도하실 때 그렇게 기도하셨습니다. "아버지여, 아버지께서 내 안에, 내가 아버지 안에 있는 것 같이 그들도 다 하나가 되어 우리 안에 있게 하사 세상으로 아버지께서 나를 보내신 것을 믿게 하옵소서"(요 17:21). 그러면 하나님 아버지께서 예수님의 기도를 들으시고 응답하셨을까요?

네, 물론입니다. 응답하셨습니다. 성령님을 보내주신 이후로 교회가 하나되게 하셨습니다. 그래서 그가 로마 감옥에서 에베소 교회에 쓴 서신에, "그러므로 주 안에서 갇힌 내가 너희를 권하노니 너희가 부르심을 받은 일에 합당하게 행하여 모든 겸손과 온유로 하고 오래 참음으로 사랑 가운데서 서로 용납하고 평안의 매는 줄로 성령이 하나 되게 하신 것을 힘써 지키라"(엡 4:1-3)고 하였던 것입니다. 이미 하나되었는데 깨지 말라는 것입니다. 하나 됨을 힘써 지키라고 한 것입니다.

사랑하는 여러분!

우리가 어릴 때부터, 젊었을 때부터 그렇게 생각하고 살아왔기 때문에 오늘도 그냥 그렇게 똑같은 사고방식으로 살아간다는 것은, 변화하지 못하는 것은 곧 자라지 않고 있다는 것입니다. 무작정 오랫동안 해왔다고 그냥 고집하는 것보다, 혹은 고정관념을 버릴 필요가 있습니다. 생각이, 사고방식이 굳어져 버린 분들이 가장 변하기 어렵습니다. 누가 무슨 이야기를 해도 듣지 않습니다. 바로 예수님 당시의 바리새인들과 사두개인들이 그러했습니다. 아무리 예수님이 메시아임을 증거하는 말씀을 전하고, 기적을 행하여도 믿지 않았습니다. Think out of box!

그래야 우리가 자라갈 수 있지 않겠습니까? 말씀을 의심하지 않지만, 의문을 가지고 연구하고 기도하면서 더 영적으로 깊은 데로 나아가야 자라지 않겠습니까? 과거에 얽매이지 말고, 미래지향적으로 나아가야 하지 않겠습니까? 그것이 참된 개혁주의 교회(성도)가 아니겠습니까? 고정관념에 얽매어 듣고 싶은 것만 듣고, 보고 싶은 것만 보고, 믿고 싶은 것만 믿으면 자라지 못합니다.

또한, 우리의 다음 세대를 생각해 보십시다. 우리 다음 세대의 영적인 성장을 위하여 얼마나 관심을 가지고 돌보며 사랑하려고 힘써 왔나요? 서론에 언급했듯이 우리 자녀들이 육체적으로, 정신적으로 자라지 않으면 온 마음을 다하여 기도하고, 원인을 찾아보고 해결하기를 원하는 것이 보통 부모들이 아닙니까? 그런데 영적으로 자라지 않는 것에 대해서는 별로 신경쓰지 않고 있습니까?

때로 목회자나 영적 지도자의 자녀가 영적으로 자라지를 않아서 잘못되는 경우가 혹 있는데, 얼마나 마음이 아픈 일입니까? 다윗의 후손인 유다 나라에 선한 왕들이 몇이 있지만, 그 아들들이 잘못 자라서 그다음 세대에 나라가 어려움을 겪은 것을 우리는 알지 않습니까? 한 예로 이사야 선지자는 선한 믿음의 왕 히스기야에게 "또 왕의 몸에서 날 아들 중에서 사로잡혀 바벨론 왕궁의 환관이 되리라 하셨나이다"(왕하 20:18)라고, 가슴 아픈 이야기를 하였습니다. 이는 그의 후손 여호야긴과 시드기야를 가리키는 말이었습니다. 그러자 히스기야 왕은 이사야에게 "당신의 전한 바 여호와의 말씀은 선하나이다"(왕하 20:19절상)라고 하였습니다. 하나님의 뜻으로 받는다는 말입니다. 그런데 더 안타까운 것은 그다음 왕위를 이은 그의 아들이 희대의 악한 왕이었던 므낫세였던 것입니다.

우리 부모들만 자라서는 안 됩니다. 우리와 함께 우리의 다음 세대가 영적으로 자라야 합니다. 우리 개혁주의 신앙을 그들이 본받도록 해야 합니다. 아니 훗날 우리보다 더 영적으로 성숙한 자들이 되도록 힘써야 합니다. 부모보다 자녀가 더 훌륭한 주님의 일꾼이 되어야 하지 않겠습니까? 위하여 가르치며 기도해야 합니다. 실제로 시간과 물질을 투자해야 합니다. 사도 바울의 영의 아들 디모데와 같은 일꾼들이 그다음 세대를 책임질 수 있도록 격려해야 합니다.

사랑하는 여러분!

우리는 창조주이시며, 절대주권자이신 하나님을 믿으며, 신구약 성경 66권 말씀을 붙드는 개혁주의 신앙 칼라를 제외하고는 바꿀 것은 바꿔야, 달라져야 합니다. 그것이 곧 성장하는 것이며, 성숙해지는 것입니다. 삼성의 고 이건희 회장이 '마누라와 자식을 빼고

다 바꾸라'고 했다 하지요? 고정관념에 사로잡히면 자라기는커녕 퇴보합니다. 생각이, 마음이 열려 있어야 합니다.

바울은 에베소 교회에게 "그가 어떤 사람은 사도로, 어떤 사람은 선지자로, 어떤 사람은 복음 전하는 자로, 어떤 사람은 목사와 교사로 삼으셨으니 이는 성도를 온전하게 하여 봉사의 일을 하게 하여 그리스도의 몸을 세우려 하심이라 우리가 다 하나님의 아들을 믿는 것과 아는 일에 하나가 되어 온전한 사람을 이루어 그리스도의 장성한 분량이 충만한데까지 이르리니"(엡 4:11-13)라고 하였습니다. 우리가 목회자로 부름을 받은 이유는 허락한 성도들을 온전하게 되도록 훈련을 시켜 그들로 하여금 봉사(집사, διακόνοις)의 일을 하게 하여 그리스도의 몸인 교회를 세우라고 하셨기 때문입니다. 그리하여 우리가 다 온전한 사람으로 예수 그리스도의 형상을 닮기까지 성장해야 합니다. 성숙해져야 합니다.

그 은혜와 주님을 아는 지식이 날마다 더해 가기를 축원합니다. 올해 보다 내년이 더 자라가기 바랍니다. 더욱 주님을 닮아가기 원합니다. 우리의 2세들, 3세들 다 함께 더욱 성숙해지는, 무엇인가 변화가 있는 우리 모두가 되기를 주님의 이름으로 축원합니다. 아멘!!

묵상 질문

1. 사도 베드로는 "우리 주 예수 그리스도의 은혜와 저를 아는 지식에서 자라 가라"라고 권면했습니다. 지난 시간까지 나는 주님의 은혜와 주님을 아는 지식에서 실제로 어떤 부분이 성장했습니까? 아니면 여전히 같은 자리에 머물러 있습니까?

2. 설교에서는 '자라지 않는 것'이 생명이 없거나 침체된 상태를 의미한다고 했습니다. 나는 지금 영적으로 침체되어 있는 부분이 있다면 무엇입니까? 그 원인을 어떻게 진단하고 있습니까?

3. 변화 없는 사고방식과 고정관념은 성장을 막는다고 했습니다. 나는 신앙생활 속에서 어떤 고정관념이나 습관이 변화를 가로막고 있습니까? 그것을 주님 안에서 어떻게 내려놓을 수 있습니까?

4. 부모가 자녀의 신체적·정신적 성장에는 관심을 기울이면서, 영적 성장에는 소홀할 수 있다고 했습니다. 나는 나 자신과 다음 세대의 영적 성장을 위해 지금 어떤 실제적인 돌봄과 훈련을 하고 있습니까?

5. 참된 성장은 단순히 오래 신앙생활을 하는 것이 아니라, 마음과 생각이 열리고 성숙해지는 것이라고 했습니다. 이번 한 주 동안 내가 하나님 앞에서 열어야 할 마음의 영역은 무엇입니까?

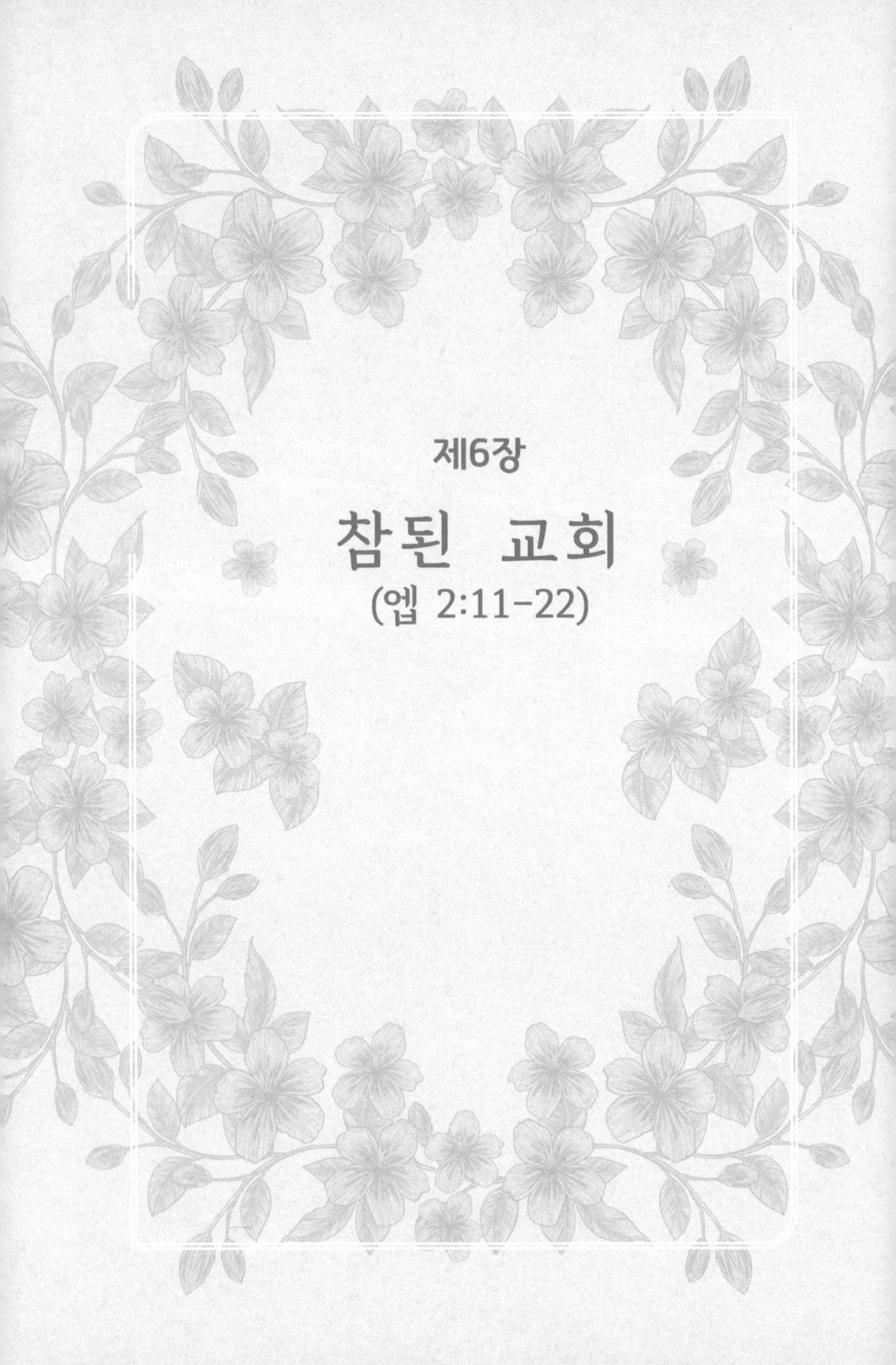

제6장

참 된 교 회
(엡 2:11-22)

^{11} 그러므로 생각하라 너희는 그 때에 육체로는 이방인이요 손으로 육체에 행한 할례를 받은 무리라 칭하는 자들로부터 할례를 받지 않은 무리라 칭함을 받는 자들이라 ^{12} 그 때에 너희는 그리스도 밖에 있었고 이스라엘 나라 밖의 사람이라 약속의 언약들에 대하여는 외인이요 세상에서 소망이 없고 하나님도 없는 자이더니 ^{13} 이제는 전에 멀리 있던 너희가 그리스도 예수 안에서 그리스도의 피로 가까워졌느니라 ^{14} 그는 우리의 화평이신지라 둘로 하나를 만드사 원수 된 것 곧 중간에 막힌 담을 자기 육체로 허시고 ^{15} 법조문으로 된 계명의 율법을 폐하셨으니 이는 이 둘로 자기 안에서 한 새 사람을 지어 화평하게 하시고 ^{16} 또 십자가로 이 둘을 한 몸으로 하나님과 화목하게 하려 하심이라 원수 된 것을 십자가로 소멸하시고 ^{17} 또 오셔서 먼 데 있는 너희에게 평안을 전하시고 가까운 데 있는 자들에게 평안을 전하셨으니 ^{18} 이는 그로 말미암아 우리 둘이 한 성령 안에서 아버지께 나아감을 얻게 하려 하심이라 ^{19} 그러므로 이제부터 너희는 외인도 아니요 나그네도 아니요 오직 성도들과 동일한 시민이요 하나님의 권속이라 ^{20} 너희는 사도들과 선지자들의 터 위에 세우심을 입은 자라 그리스도 예수께서 친히 모퉁잇돌이 되셨느니라 ^{21} 그의 안에서 건물마다 서로 연결하여 주 안에서 성전이 되어 가고 ^{22} 너희도 성령 안에서 하나님이 거하실 처소가 되기 위하여 그리스도 예수 안에서 함께 지어져 가느니라

사람이 넘치기보다 사랑이 넘치는 교회

섬김을 원하기보다 섬김의 기쁨 알아가는 교회

사랑의 마음 품고 서로 섬기며

예수님의 사랑을 나누는 교회

주님의 마음 닮아서 이웃을 사랑하는 교회

주님의 영광을 위해서 빛되신 주님 전하는 교회

사랑의 불꽃이 활짝 피어나는 교회

주님이 주인 되시는 교회

진정한 예배가 숨쉬는 교회

믿음의 기도가 쌓이는 교회

최고의 찬양을 드리는 교회

말씀이 살아 움직이는 교회

성도의 사랑이 넘치는 교회

섬김과 헌신이 기쁨이 되어 열매 맺는 아름다운 교회

주님의 마음 닮아서 이웃을 사랑하는 교회

주님의 영광을 위해서 빛되신 주님 전하는 교회

염평안의 '이런 교회 되게 하소서'입니다. 참된 신앙생활을 하는 모든 분들이 꿈꾸는 교회의 모습을 생각하며, 하나님의 엄청난 은혜를 받아 성령의 전을 이룬 우리 한 사람 한 사람이 모여서 실제로 주님의 몸 된 교회를 이루어 가고, 세워 나가는 원리에 대하여 본문 말씀을 중심으로 나누려고 합니다.

여러분들은 교회를 어떻게 생각하고 있습니까? 많은 분들이 교회관이 잘못되어 있어서, 비성경적이어서 본인도 어려움을 겪고, 교회에도 어려움을 주는 것을 봅니다.

어느 목사는 예수님이 지상에 계실 때에는 두 가지 꿈이 있었다고 생각한다고 하였습니다. 하나는 십자가를 지는 꿈이며, 다른 하나는 교회라고 합니다. 아시다시피 예수님 생애 전체는 십자가로 초점이 맞추어지기 때문에 위기나 여러 가지 시험을 만나도 개의치 않으시고 포기나 주저함이 없이 십자가의 길을 계속 가셨습니다. 그런데 십자가만큼 예수님에게 소중한 꿈이 있었는데 바로 교회라는 것입니다. 왜, 예수님께서 이렇게 교회를 중요하게 생각하시며 교회를 세우셔야만 했는가 하면, 십자가의 복음을 주님께서 다시 오실 그날까지 전하는 유일한 실체로서 예수님께서 인정하시는 것은 교회 밖에 없기 때문입니다. 십자가 없이는 교회는 존재하지 않습니다. 동시에 교회 없는 십자가도 존재하지 않습니다.

사실상 교회는 창세 전부터 하나님의 영원한 작정 속에 존재하였습니다. 그것은 교회의 본질이 예수 그리스도이기 때문입니다. 주님의 구속 역사는 세계 역사 속에서 교회를 통하여 나타났습니다. 인류를 향한 하나님의 구속 역사가 세계 역사의 중심입니다. 그 구속 역사의 중심이 예수 그리스도이시며 그래서 세계 역사도 B.C. 와 A.D.로 나누어 졌습니다. 즉, 예수 그리스도는 이 세상 역사 속에서 그의 교회를 통하여 나타나고 있습니다. 그래서 창세기

에는 인류 타락과 함께 하나님의 구속 역사가 나타나는데(창 3:15,
21), 그 구속 역사와 함께 교회 운동이 시작되었습니다. 창세기 교
회는 돌로 단을 쌓는 이른바 족장 시대의 번제단이었습니다. 아벨
의 제단이요, 노아의 제단이요, 아브라함과 이삭과 야곱으로 이어
지는 제단이었습니다.

하나님께서는 거기서 자기 백성들을 만나 주었습니다. 그래서
하나님께 죄 용서를 받고, 복을 받았습니다. 그 후에 출애굽의 교
회, 모세 시대의 광야 교회는 성막 혹은 성소로 계시되었습니다.
하나님께서 시내산에서 모세를 통하여 이스라엘 선민에게 주신
특별한 은총이었습니다. 개인이나 족장 가족 단위의 제단에서 민
족적 공동체로서의 진보된 교회의 모습을 보여 주었습니다. 그 성
소의 모든 기구, 위치 그리고 번제단, 물두멍, 진설병의 상, 등대,
금향단, 속죄소, 법궤, 희생 제물 등은 신약에 나타나실 예수 그리
스도와 그의 교회를 예표하고 있습니다.

하나님께서는 이 성막 위에 영광으로 임재하고, 불기둥과 구름
기둥으로 나타남으로 임마누엘의 하나님을 알려 주었습니다. 하나
님의 기적의 은총을 체험한 곳입니다. 그다음은 그들이 가나안 땅
에 정착하고 신정국가를 이루었을 때에 왕정 시대를 열면서 다윗
에게 계시하고, 솔로몬에 의하여 이룩한 예루살렘 성전이었습니
다. 이제 성전 안 지성소에 법궤를 안치하고 하나님의 이름을 그곳
에 두고, 하나님의 마음과 눈이 항상 그 집에 있게 하겠다고 하였
습니다. 예루살렘 성전이야 말로 이스라엘 선민 역사의 중심이요,

구심력이 되었습니다. 그들의 정치, 경제, 교육, 문화, 국제관계 등 모든 생활의 중심을 이룬 곳이 예루살렘 성전이었습니다. 그들의 위로와 단결과 소망을 주는 성전이었습니다.

그러나 후에 이스라엘이 하나님께 계속적으로 범죄함으로 나라를 잃어버리고 앗수르와 바벨론의 포로로 잡혀 가게 되며 세계 각처로 흩어질 때에, 하나님의 섭리는 저들이 모여 사는 이방 세계에서 예루살렘 성전을 향하여 회당을 짓고 하나님을 찾고 섬기게 한 것입니다. 이것은 세계 각지로 흩어진 선민들에게 안식일에 회당에서 행한 설교를 통하여 이스라엘 구속 역사의 전통을 보존시키는 역할을 하게 된 것입니다. 예수님도 회당 예배에 참석하였고, 설교도 하였습니다. 하나님의 세계를 향한 구속 계획을 성취시키는 데 크게 공헌하게 된 것입니다. 바로 사도 바울의 세계 선교도 이 회당이 중요한 전략기지 노릇을 하였습니다.

이 회당 교회 시대에 메시아이신 예수 그리스도께서 초림하셔서 드디어 신약 교회가 탄생하게 됩니다. 구약 시대의 교회 운동을 이어서 바로 예수 그리스도 자신이 기초가 된 신약 교회이었습니다. 예수 그리스도가 바로 교회의 머리가 되습니다(마 16:18; 고전 10:4; 벧전 2:15). 예수님께서는 베드로의 신앙고백인 "주는 그리스도시요 살아계신 하나님의 아들이시니이다"(마 16:16)라는 말씀을 들으신 후에 "내가 이 반석 위에 교회를 세우리니 음부의 권세가 이기지 못하리라"(마 16:18하)고 하였습니다. 음부의 권세, 사망의 세력을 이기는 승리의 교회라고 하였습니다. 그리고 이어서 교회는 천국의 열쇠 곧 성령과 말씀의 권세를 받았다고 하였습니다 (마 16:19). 이렇게 신약 시대의 교회는 예수님 자신 스스로 흘린 십자가의 피와 부활에 기초하고 세웠습니다. 그 피와 부활을 믿는 신자들의 신앙고백에 의하여 세워졌습니다. 이 교회는 죽음을 이기는 생명의 공동체요, 성령과 말씀의 권위로 다스리 권세있는 교회라고 하였습니다.

사도 바울은 "또 만물을 그 발 아래 복종하게 하시고 그를 만물 위에 교회의 머리로 삼으셨느니라 교회는 그의 몸이니 만물 안에서 만물을 충만하게 하시는 이의 충만이니라"(엡 1:22-23)고 하였습니다. 즉, 예수 그리스도께서 교회를 주장하시고, 교회는 만물을 통치한다는 말입니다. 하나님께서는 그리스도를 충만하게 하시고, 그리스도는 교회를 충만하게 하시고, 교회는 만물을 충만하게 하신다고 합니다.

교회가 만물(온 세상)을 충만케 한다는 말이 무슨 말입니까? 그것은 바로 복음으로 충만케 함을 가리킵니다. 하나님은 예수를 죽은 자 가운데서 살리심으로 사탄과 자연을 그 발 앞에 복종시키셨습니다(엡 1:20-21). 예수 그리스도께서는 교회로 하여금 성령으로 충만하게 하사, 복음으로 세상을 정복하도록 명하셨습니다.

교회의 본질은 바로 이 십자가의 복음을 이웃에서부터 땅 끝까지 전하는 것이기 때문에, 교회 없이 하나님의 구속 역사는 이루어지지 않는 것입니다. 그리고 복음이 들어간 곳에 학교, 병원, 복지 시설 등이 세워지지 않았습니까? 그 사회가 변화되고, 새로운 문화를 창출하지 않았습니까? 정치를 바꾸고, 경제를 바꾸어 놓지 않았습니까? 복음이 들어간 곳에 역사가 바뀌는 것을 우리는 보지 않았습니까? 그래서 교회가 예수 그리스도의 꿈이라고 말씀한 것입니다. 교회가 이 세상 역사의, 현실의 유일한 주체이기 때문에 그렇습니다. 진정한 역사의 주체는 세상의 어떤 가치가 아닌 바로 하나님의 교회입니다. 바꾸어 이야기하면 하나님의 교회만이 이 세상의 유일한 대안이요, 소망입니다. 하나님의 영광으로 충만하게 할 수 있습니다. 이 세상의 모든 아픔, 슬픔, 고통에 대한 해답이 하나님의 교회입니다.

언젠가 토요일 저녁에 1시간 15분 떨어진 교회를 섬기는 지인으로부터 전화를 받았습니다.

"목사님, 안녕하세요? 갑자기 담임목사님께서 내일이 주일인데 교회를 나오지 않으시겠다고 합니다. 내일 예배가 난감합니다. 저희 교회는 오후에 주일 예배를 드리니 목사님께서 예배 마치고 와서 인도해주실 수 없으신가요?"

그래서, 가겠다고 했습니다. 다음 날 2부 예배를 마치자마자 점심 친교식사도 교인들과 함께 하지 못하고 아내와 함께 부리나케 달려가 예배 시간 5분 전에 도착해서 예배를 인도하고, 내용을 들어보니 담임목사님과 교회 지도자들과의 갈등 때문에 목사님께서 화가 나셔서 그만둔다고 했다는 것입니다. 그래도 그렇지 교회를,

예배를 어떻게 생각하시기에 그럴 수 있는가 너무 가슴이 아팠습니다. 그로부터 필자는 약 1년 간 후임목사가 정해지기 전까지 그렇게 섬겼습니다.

안타까운 것은 이처럼 오늘날 많은 목회자들이나 교회 지도자들, 교인들이 하나님의 교회가 자신이 생명을 바쳐 섬길만한 것인지에 대한 믿음이나 비전이 없습니다. 아마도 그 이유는 하나님의 교회의 놀라운 가치와 중요성을 실감하지 못하는 현실에 있기 때문이라고 생각합니다. 마치 결혼의 소중한 가치를 모르기 때문에 쉽게 이혼하는 것처럼, 오늘날 목회자들을 포함하여 교인들이 하나님의 교회의 소중한 가치를 모르기 때문에 너무나 쉽게 교회를 포기하고, 너무나 쉽게 교회를 깨어버리고, 너무나 쉽게 교회에 상처를 주게 됩니다. 그리고는 교회 자체에 대하여 회의마저 품게 되어 교회를 떠나는 안타까운 오늘날의 현실이 아닌가 생각합니다.

우리 예수님과 마찬가지로 하나님의 교회는 우리의 사랑이요, 꿈이요, 미래요, 전부입니다. 하나님의 교회를 바로 알면 알수록 아름답고, 능력있고, 위대하며, 기적과 비밀로 가득한 곳입니다. 믿으시기를 축원합니다. 아멘!

그래서 우리는 하나님의 교회에 미쳐야 합니다. 교회에 미치는 것은 주님에게 미치는 것과 똑같습니다. 주님 사랑하십니까? 입으로는 주님을 뜨겁게 사랑한다고 하면서 주님의 몸인 교회를 뜨겁게 사랑하지 않는 것은 거짓입니다. 남편이 아내를 사랑한다고 하면서 아내의 몸을 사랑하지 않는다면 거짓입니다. 죽을 각오를 하고 하나님의 교회에 나아가 예배를 드리며, 봉사하고 섬긴다면 우리의 고난과 어려움, 배고픔은 중요하지 않습니다. 하나님의 교회는 고난을 먹고 자라는 곳입니다. 고난 속에서 교회는 스스로 자라게 되는 것입니다. 우리는 교회를 섬기면서 겪게 되는 어려움들에 대하여 힘들다고 말하지 맙시다. 어쩌면 그것은 당연한 것입니다. 하나님의 교회가 십자가의 고난을 통과하지 않고 어떻게 성장할 수 있겠습니까? 저는 이 세상에 가장 모범적인 교회와 교인들의 모습이 바로 오늘날 북한의 지하 교회 교인들의 모습이라고 생각합니다. 지난 70여 년 동안 성경 없이, 찬송 없이, 교회당 없이, 목사 없이, 신학교 없이 존재하고 있는 저 북한의 지하 교회입니다. 아마 통일이 되면 그들로 인하여 사회가 폭발적으로 변할 것입니다. 그 지하 교회들로 인하여 그 세상이 하나님의 영광으로, 예수 그리스도로 충만하게 될 것입니다.

참된 하나님의 교회를 향한 비전을 잃어버리지 마시기 바랍니다. 진정한 하나님의 교회야 말로 역사를 새롭게 하고 이 시대를 구원한다는 믿음이 여러분에게도 분명히 자리잡고 있기를 바랍니다. 교회가 살면 세상도 살고 교회가 타락하면 세상도 타락합니다. 교회가 부흥하면 세상은 소망을 갖게 되고, 교회가 쇠퇴하면 세상은 절망한다는 믿음을 가져야 합니다. 교회는 예수 그리스도의 능력이 나타나는 공동체입니다. 그리스도의 몸인 공동체입니다. 예수 그리스도의 인격과 실체를 경험하는 곳입니다. 교회는 무슨 프로그램이 아닙니다. 우리의 모임 안에서 예수님이 보여지고, 만져지고, 느껴지는 곳입니다. 음부의 권세가 어쩌지 못하는 능력의 공동체입니다. 우리 교회가 그러한 능력의 교회이기를 바랍니다. 이러한 하나님의 교회를 더욱 사랑하며 섬기는 여러분들이 되시기를 바랍니다. 제가 자란 모교회를 지난 40년 가까이 섬긴 어느 장로님께서 헌당 감사 예배에서 "하나님께서는 우리가 교회를 사랑하는 것보다도 더 사랑하십니다"라고 하신 간증을 읽고는 가슴이 뭉클하였습니다. 그렇습니다. 예수 그리스도의 몸, 그 아들의 피를 치르고 사신 교회를 우리보다 하나님께서 더 아끼고 사랑하십니다. 우리도 열심히 하나님의 교회를, 내 교회를 사랑하십시다. 아멘!

본문 문맥을 살펴보면, 사도 바울은 2장 1-10절에서 에베소 교회 성도들에게 예수 그리스도 안에 있기 전과 하나님의 지극히 풍성한 은혜로 구원받은 후 그리스도 안에 있는 삶이 얼마나 다르며, 그들은 하나님의 선한 일을 위하여 그 가운데 행하도록 은혜의 선물을 받았다고 하였습니다. 그러므로 본문 11절 이하에서는 아마도 에베소 교회 내에 유대인들과 이방인들이 하나가 되지 못하였던 것을 보고, 저들의 사회적, 문화적 배경이 충분히 그런 문제를 야기할 수 있다고 여겨집니다만, 선택받은 유대 그리스도인(Jewish Christian)과 이방인 그리스도인(Gentile Christian)이 그리스도의 십자가로 인하여 하나가 되었다는 것을 강조하고 있습니다. 지위적으로도, 실제적으로도 둘이 연합하여야 될 이유를 설명하고 있습니다. 특히 이방인 그리스도인에게 저들의 과거 형편과 현재의 상태가 얼마나 대조적인 것임을 강조하고 변화를 받은 것이 예수 그리스도의 십자가 때문임을 말씀하십니다.

11-12절에 "그러므로 생각하라 너희는 그때에 육체로 이방인이요 손으로 육체에 행한 할례당이라 칭하는 자들에게 무할례당이라 칭함을 받는 자들이라 그때에 너희는 그리스도 밖에 있었고 이스라엘 나라 밖의 사람이라 약속의 언약들에 대하여 외인이요 세상에서 소망이 없고 하나님도 없는 자이더니"라고 하셨습니다. 즉, 과거에 저들은 사실 가진 것이 없던 사람들이었습니다. 사회적으로 유대인들과 어울릴 수 없는 고립된 삶을 살았습니다. 할례를 받지 못했다 하여 마치 하나님께로 택함을 받지 못한 사람들로 취급받아 모욕을 당하며 살았습니다. 또한 영적으로 이스라엘 나라의 축복에서 벗어나 있던 이방인이요, 그리스도가 없는 삶을 살았습니다. 아브라함과 이삭과 야곱에게 주신 언약이 해당되지 않던 사람들이었습니다. 그러니 세상살이에서 전혀 소망이 없는 삶을 살았고, 하나님도 모르던, 하나님을 멀리 떠나 있던 사람들이었다는 것입니다. 사실 그들은 에베소 지방에 유행하던 아데미 여신 혹은 다이애나 여신 등 온갖 우상신을 섬기고 살았던 것입니다.

우리의 과거 옛사람, 그리스도를 만나기 전, 교회 밖에 있던 모습이 아닙니까? 예수님으로부터 멀리 있던 우리들이 아닙니까?

그런데 이제는 예수 그리스도께서 흘리신 보혈 때문에 죄 문제가 해결되어 유대인과 이방인이 가깝게 되었고(13절), 교회 안에서 새 사람이 된 모든 자들이 한 하나님을 찬양하며, 예수님을 경배하고 자랑하게 된 것입니다. 그리스도의 고난의 십자가가 화평을 가져 다 주었기 때문입니다. 예수님께서 화목제물이 되셔서 우리로 먼 저는 하나님과 화목케 되어 하나가 되고, 그리스도 안에서 믿는 모 든 사람과 하나가 되게 하셨던 것입니다. 그래서 14-16절에 "그는 우리의 화평이신지라 둘로 하나를 만드사 원수 된 것 곧 중간에 막힌 담을 자기 육체로 허시고 법조문으로 된 계명의 율법을 폐하 셨으니 이는 이 둘로 자기의 안에서 한 새 사람을 지어 화평하게 하시고 또 십자가로 이 둘을 한 몸으로 하나님과 화목하게 하려 하심이라 원수 된 것을 십자가로 소멸하시고"라고 하셨지 않습니 까? 이 구절들에서 중요한 단어는 "화평" 혹은 "화목하게 한다"는 것입니다. 17절에서는 "평안"으로 말씀하고 있습니다.

이 세상의 모든 분열과 미움, 싸움과 분쟁이 왜 생기는 줄 아십 니까? 이 세상의 모든 시비와 불행, 슬픔과 고통이 왜 있는지 생각 해 보신 적이 있습니까? 예수 그리스도가 없는, 하나님을 모르는 사람들의 특성이 무엇인 줄 아십니까? 바로 교만입니다. 태초의 아담과 하와의 범죄에서 기인하는 것입니다. 하나님과 같이 되어 보고 싶은 마음, 질투, 시기심이 모두 교만에서 비롯됩니다. 즉, 우 리가 살고 있는 세상의 모든 어려움은 교만의 결과라는 것입니다.

사탄은 그것을 잘 사용하고 있는 것입니다.

먼저 인간은 출신 성분으로 교만이 시작됩니다. 무슨 혈통이나, 어떤 가문이냐, 국적이 어디냐, 어느 민족이냐 자랑합니다. 전라도 냐 경상도냐 충청도냐 서울 본토백이냐 이러한 것이 우리 사회의 갈등을 조장합니다. 당시의 유대인들도 마찬가지였습니다. 자신들이 아브라함의 자손임을 자랑하고 축복받은 민족임을 자랑하여 교만에 빠졌던 것입니다. 주님 만나기 전의 사도 바울도 마찬가지였습니다. 히브리인이 아닌 자들을 무시하며, 베냐민 지파에서 태어난 족보를 자랑하였습니다. 이 미국사회의 인종 차별도 마찬가지요, 우리 한국의 지역주의도 마찬가지입니다. 외부적인 조건을 자랑하고 내세우는 것입니다.

또 다른 분쟁의 요인은 그 교만으로 말미암은 욕심입니다. 가진 자는 더 가지려고 하고 가지지 못한 자는 가지지 못했기 때문에 더욱 가지려고 애씁니다. 서로 더 가지려고 애쓰는 욕망 때문에 필연적으로 분쟁이, 미움이 싹트는 것입니다. 갈등이 생기는 것이지요. 높은 자리를 쟁취하려는 열망, 영웅이 되어 보려는 공명심, 유명해지려는 야망 등이 문제를 일으키는 것입니다. 고용인과 고용주와의 관계에서나, 국가와 국가와의 관계에서나, 아니 심지어 한 가정에서 남편과 아내의 관계에서나 부모와 자식과의 관계에서도, 심지어 교회 안에서까지 이러한 욕심이 문제를 일으키는 것입니다. 주도권 쟁탈이지요.

교만은 계속해서 더 열심히 벌어라, 더 높은 자리에 올라가라고 우리를 부추기는 것입니다. 그런가 하면 지식의 교만도 있습니다. 당시 헬라인들은 그들 스스로가 매우 지적이고 뛰어난 철학자들을 낸 민족임을 무척 자랑스럽게 여기며 너희가 아는 게 무엇이 있느냐는 식으로 지혜를 자랑하였습니다. 그래서 결국 헬라인과 야만인, 지혜로운 사람과 무식한 사람을 갈라놓았습니다. 그로 인해 갈등과 억압과 싸움이 생겨났습니다. 거기에 경쟁이 있고 억압과 싸움이 있었던 것입니다. 오늘날도 마찬가지이지요. 사회뿐 아니라 가정 속에서도 마찬가지이지요. 한 자녀가 다른 아이들보다 똑똑하게 되면 문제가 생깁니다. 똑똑한 자녀는 좋은 대학에 진학하고 그렇지 못한 자녀는 대학 진학조차도 못합니다. 그러면 그 아이는 열등감이 생기고 정신적으로 문제가 생깁니다. 반항심과 복수심이 싹틉니다. 빈정거리고 질투심이 일어납니다. 한편 똑똑한 아이는 교만에 더욱 빠져들어 갑니다. 가정이 분열됩니다. 깨져 버립니다. 교회 안에서도 비슷한 현상이 일어나 시험에 드는 경우가 있지요.

한 번은 이웃교회 어떤 장로님이 이런저런 이유로 우리 교회로 옮겨와 신앙생활하시면서 저와 교제를 많이 하는데, 처음에는 자기가 운영하는 사업체 몇 개를 심방하게 하면서 자랑하시고, Baby Grand Piano 도 헌물하면서 당시 새 성전 건축 공사를 하는 가운데 자기가 많이 도울 수 있다고 하였습니다. 약 1년 정도 지난 후부터 서서히 자기가 교회 운영의 주도권을 쥐고 일하려고 하였습니다.

그래서 필자가 막았습니다. 그 후부터 점점 이 교인 저 교인과 이야기하더니 목회의 거침돌이 되는 것이었습니다. 그러다가 자기 마음대로 되지 않으니 출석한 지 2년쯤 되었을 때에 다른 장로와 안수집사, 권사 가정들과 함께 부목사를 데리고 교회를 나가 가까운 곳에 교회를 개척하였습니다. 당시 새 성전 건축 중 미국에 경제파동으로 인해 자재비가 오르고 하면서 공사비를 더 이상 모게지 회사에서 론을 해줄 수 없다고 해서 공사가 중단된 상태였습니다. 그런 와중에 교인들이 부목사와 함께 나가서 교회를 세운 것이었습니다. 그 후 1년 지나서 그 교회는 사분오열되어 문을 닫고, 그 목사는 한국으로 돌아갔습니다. 그리고 그 장로는 몇 년이 지나 목욕탕에서 넘어져 뇌진탕으로 죽고 말았습니다.

사랑하는 여러분!

인간의 교만과 욕심 등 죄 문제를 해결할 만한 것이 이 세상에는 하나도 없습니다. 공부를 많이 해온 박사가, 돈이 많은 부자가, 권력자가 평화를 가져다주지 못합니다. 하나되게 할 수 없습니다. 억지로, 물리적으로 연합하라고 해서 진정한 연합이 이루어집니까? 이 세상의 돈이 여러분의 가정에 평안을 가져다 주지 못합니다. 세상에 속한 것으로 가장 고상하고 고귀한 것이라 할지라도 그 속에는 참된 평화가, 평안이 없습니다. 이 모든 교만의 해결책은 오로지 그리스도의 고난의 십자가뿐입니다. 십자가가 이 모든 문제의 근원인 죄를 이기기 때문입니다. 이 십자가에 나 자신의 자아를 함께 못 박을 때에, 죽을 때에 평화가 찾아오고, 화목케 되는 것입니다. 십자가를 떠나서 이 세상의 모든 분쟁과 시기, 다툼, 고통을 해결한다는 것은 불가능합니다. 그러면 예수님의 고난의 십자가가 어떻게 이러한 문제들을 해결합니까?

첫째로, 예수님의 십자가는 우리가 어떤 존재인가를 보여줍니다. 우리는 본질상 자신을 숨기려고 합니다. 늘 문제가 생기면 남을 비난합니다. 책임을 회피합니다. 그러나 고난의 십자가는 우리가 누구인가를 분명히 가르쳐 주며 겸손하게 합니다. 하나님이신 예수님께서 이 땅에 오신 목적이 무엇입니까? 인간이 인간 스스로를 구원할 수 없기 때문입니다. 죄 문제를 해결할 수가 없습니다. "인자가 온 것은 잃어버린 자를 찾아 구원하려 함이니라"(눅 19:10) 라고 하셨습니다. 즉, 십자가는 우리에게 '네가 자랑할 것이 무엇이 있느냐 네 자신은 언제나 실패자이니라'고 하십니다. 우리가 완전한 실패자, 죄인이기에 주님이 오신 것입니다. 이 세상에는 우리를 구원해 줄 것이 아무것도 없습니다.

우리의 능력으로는 그분의 가르침을 다 지킬 수가 없습니다. 여러분 자신의 의지대로도 다른 사람을 기쁘게 못하는 자신이 어떻게 그 모든 교훈에 순종하며 살 수 있습니까? 절대로 불가능합니다. 다만 고난의 십자가지신 예수님만 하실 수 있습니다. 그렇게 교만하였던 사도 바울이 그러했습니다. 예수 그리스도를 만난 그 순간 그는 철저히 낮아졌습니다. 얼마나 자신이 보잘것없는 존재인가를 깨닫게 되었습니다. 성령으로 말미암아 그의 모든 교만하였던 생각들을 떨쳐 버릴 수 있었던 것입니다. 십자가 앞에서 자신이 얼마나 부끄러운 존재인가를 깨달았던 것입니다. 곤고한 인간임을 자각하게 했습니다. 그를 겸손하게 했습니다.

둘째로, 고난의 십자가는 우리에게 다른 사람들에 대해서도 참된 것을 보여줍니다. 십자가는 어느 한 쪽을 펀드는, 편애하는 법이 없습니다. 다 똑같이 취급합니다. 이유는 누구나 다, 다른 사람들 완전한 실패자, 죄인들이기 때문입니다. 그러므로 나 자신이 먼저 낮아져야 합니다. 내가 낮아지지 않는 한 십자가는 전혀 쓸모 없습니다. 다른 사람이 문제지, 나는 문제가 없다고 하는 사람들에게는 예수님의 십자가의 죽음은 헛된 것입니다. 나 자신의 교만을 꺾어야 십자가가 다른 사람들에 대해서도 깨닫게 해 줍니다. 어떤 민족이든지, 부자든지 가난한 자든지, 무식한 자든지 유식한 자든지 가리지 않고 모든 사람이 같은 영혼을 지닌 연약한 죄인임을 보여줍니다. 십자가 앞에서 다 동등한 사람임을 깨닫게 해 줍니다. 다른 사람들도 같이 하나님의 형상으로 지은 바 된 것을 깨닫게 합니다.

당시 유대인들에게 바울을 통해 하나님께서 주시는 말씀입니다. 유대인으로서 다른 이방인들과 같이 실패하여 놓고는 무슨 자랑할 것이 있느냐는 말씀입니다. 율법을 가지고서도 지키지도 않으면서 율법을 가진 것이 무슨 그리 대단한 일이라고 자랑하느냐는 것입니다. 아무리 머리가 똑똑하여도, 아무리 돈이 많아도 무슨 소용이 있느냐는 말씀입니다. 마음에는 번민과 고통이 가득차 있고, 시기 질투와 미움으로 살아가면서 무슨 자랑할 것이 있느냐는 말씀입니다. "그러나 무엇이든지 내게 유익하던 것을 내가 그리스도를 위하여 다 해로 여길 뿐더러 또한 모든 것을 해로 여김을 내 주 그리스도 예수를 아는 지식이 가장 고상하기 때문이라 내가 그를 위하여 모든 것을 잃어버리고 배설물로 여김은 그리스도를 얻고 그 안에서 발견되려 함이니 내가 가진 의는 율법에서 난 것이 아니요 오직 그리스도를 믿음으로 말미암은 것이니 곧 믿음으로 하나님께로 난 의라"(빌 3:7-9)고 고백한 바울처럼 여러분이 십자가의 의미를 깨달으면 자신은 낙오자요 철저한 죄인의 모습을 바라볼 수 있게 됩니다. 그러면 겸손하게 됩니다. 내가 할 수 있는 일이 아무것도 없음을 깨닫게 됩니다. 바로 그것이 15절에 새롭게 창조된 새(kaino,n) 사람을 뜻하는 것입니다.

그래서 17-18절에 "또 오셔서 먼데 있는 너희에게 평안을 전하시고 가까운데 있는 자들에게 평안을 전하셨으니 이는 그로 말미암아 우리 둘이 한 성령 안에서 아버지께 나아감을 얻게 하려 하심이라"라고 하신 것입니다. 성령의 역사를 강조하지요. 4장 1-3절에서는 "그러므로 주 안에서 갇힌 내가 너희를 권하노니 너희가 부르심을 받은 일에 합당하게 행하여 모든 겸손과 온유로 하고 오래 참음으로 사랑 가운데서 서로 용납하고 평안의 매는 줄로 성령이 하나 되게 하신 것을 힘써 지키라"라고 하였습니다.

사랑하는 여러분!

그러면서 사도 바울은 이렇게 성도들이 연합하여 한 몸 이룬 참된 교회를 세 가지 비유로 말씀을 맺고 있습니다.

첫째는, 다 하나님 나라의 동일한 시민이라는 것입니다. 19절에 "그러므로 이제부터 너희가 외인(foreigners)도 아니요 나그네(aliens)도 아니요 오직 성도들과 동일한 시민이요"고 하였습니다.

둘째는, 하나님 아버지의 한 식구라고 합니다. 19절에 계속하여 "하나님의 권속(household)이라"라고 하였지요.

셋째는, 하나님의 성전으로 함께 지어져 간다고 합니다. 20-22절에 "너희는 사도들과 선지자들의 터 위에 세우심을 입은 자라 그리스도 예수께서 친히 모퉁이 돌이 되셨느니라 그의 안에서 건물마다 서로 연결하여 주 안에서 성전이 되어가고 너희도 성령 안에서 하나님의 거하실 처소가 되기 위하여 예수 안에서 함께 지어져 가느니라"라고 하였습니다.

사도들과 선지자들의 말씀 위에 예수 그리스도께서 가장 중심이 되어 구조를 연결시키는 모퉁이 돌(cornerstone)이 되시고, 그 주위에 벽돌을 하나씩 쌓아 올려 서로 연결되어 성전이 되는데, 성령님의 도우심으로 하나님께서 실제로 거하시는 곳이 되게 하도록 함께 지어져 간다고 비유적인 표현을 쓰고 있습니다. 즉, 우리는 동일한 하늘나라 시민이요, 한 아버지를 섬기는 식구들이요, 서로 연결되어 연합하여 하나님께서 거하시는 성전이 되게 하는 성도들이라는 말씀입니다. 확신하시고, 겸손히 하나님의 뜻에 순종하여 서로 하나가 되어 연합된 모습으로, 그리스도로 충만한 성도들이 아직도 우상을 섬기는 이방인으로 그대로 있는 자들에게 복음을 전하는 선교의 사명을 감당하여 하나님께 영광을 돌리시는 여러분 되시기를 축원합니다.

사랑하는 여러분!

이 세상 사람들은 누구나 본능적으로 어떤 사회에, 어느 모임에 소속하고 싶어하게 되어 있습니다. 자신을 인정해 주고, 받아주는 모임에 속하기를 좋아합니다. 그래서 그 모임에서, 사회에서 소외되지 않으려고 애를 쓰지요. 그래서 주어진 의무에 충실합니다. 한 나라의 시민이 되면 그 나라의 법을 지킬 의무가 그 시민에게 주어집니다. 어느 직장의 고용인이 되면 그 직장의 법규와 규칙, 그 목적을 위하여 일을 하도록 되어 있습니다. 또 어떤 모임, 혹은 지회에 가입이 되어 회원이 되면 그 모임의 규칙과 그 목적에 따라가야 합니다. 한 선수가 어느 팀에 합류가 되면 코치의 명령과 운동 규칙을 따라야 할 의무가 주어집니다. 이 세상에서 어떠한 형태의 사람들의 모임에서든지 그러한 의무를 감당하지 않으면 그 모임이 정상적인 활동을 할 수 없습니다.

그런데 교회에서는 때때로 이러한 의무를 감당하려는 성도들의 모습을 찾기가 쉽지 않습니다. 많은 신자들이 성경 말씀의 약속과 축복은 좋아하면서 그들이 가져야 할 책임감, 의무에는 소홀한 것을 봅니다. 듣기 좋은 것은 받고, 감당하여야 할 의무에 대한 말씀은 받지 않습니다. 참으로 안타까운 분들입니다. 하나님의 교회를 바로 알면 주님의 몸인 교회에 헌신하게 되어 있습니다. 사랑하게 되어 있습니다. 여러분 모두 주님의 몸 된 교회, 참된 교회를 뜨겁게 사랑하며, 위하여 온전히 헌신하시기를 축원합니다.

끝으로 김영표의 곡 "우리를 사용하소서"를 나눕니다.
우리의 진솔한 소원이기를 바라면서 ….

우리에겐 소원이 하나 있네 주님 다시 오실 그날까지
우리 가슴에 새긴 주의 십자가 사랑 나의 교회를 사랑케 하네
주의 교회를 향한 우리 마음 희생과 포기와 가난과 고난
하물며 죽음조차 우릴 막을 수 없네 우리 교회는 이 땅의 희망
교회를 교회 되게 예배를 예배되게 우릴 사용하소서
진정한 부흥의 날 오늘 임하도록 우릴 사용하소서
성령 안에 예배하리라 자유의 마음으로 사랑으로 사역하리라
교회는 생명이니 교회를 교회 되게 예배를 예배되게 우릴 사용하소서
진정한 부흥의 날 오늘 임하도록 우릴 사용하소서

묵상 질문

1. 하나님께서 창세 전부터 교회를 계획하시고 역사 속에서 이루어 가신다는 말씀을 들었을 때, 저는 지금 이 교회의 한 지체로서 어떤 사명을 감당하고 있습니까?

2. 나의 교회관은 성경적인가요, 아니면 세상의 가치와 경험에 의해 왜곡된 모습이 있습니까?

3. 예수 그리스도의 십자가가 모든 분열과 갈등의 유일한 해결책이라는 것을 믿는다면, 저는 가정·직장·교회 안의 갈등을 어떻게 해결하려 하고 있습니까?

4. 사도 바울이 말한 '하나님 나라의 시민, 하나님의 가족, 하나님의 성전'이라는 비유 중 가장 깊이 와닿는 것은 무엇이며, 그 이유는 무엇입니까?

5. 저는 교회의 축복은 기쁘게 받으면서도 헌신과 책임에는 소홀했던 모습이 있지는 않습니까? 그렇다면 지금 어떻게 돌이킬 수 있을까요?

6. 교회가 세상의 유일한 소망이라는 믿음을 제 삶과 섬김을 통해 어떻게 드러낼 수 있을까요?

7. 나의 신앙생활에서 교회를 사랑하고 헌신한다는 것은 구체적으로 어떤 행동과 결정을 포함합니까?

제7장

참된 가정
(엡 5:22-6:4)

5:22 아내들이여 자기 남편에게 복종하기를 주께 하듯 하라 23 이는 남편이 아내의 머리 됨이 그리스도께서 교회의 머리 됨과 같음이니 그가 바로 몸의 구주시니라 24 그러므로 교회가 그리스도에게 하듯 아내들도 범사에 자기 남편에게 복종할지니라 25 남편들아 아내 사랑하기를 그리스도께서 교회를 사랑하시고 그 교회를 위하여 자신을 주심 같이 하라 26 이는 곧 물로 씻어 말씀으로 깨끗하게 하사 거룩하게 하시고 27 자기 앞에 영광스러운 교회로 세우사 티나 주름 잡힌 것이나 이런 것들이 없이 거룩하고 흠이 없게 하려 하심이라 28 이와 같이 남편들도 자기 아내 사랑하기를 자기 자신과 같이 할지니 자기 아내를 사랑하는 자는 자기를 사랑하는 것이라 29 누구든지 언제나 자기 육체를 미워하지 않고 오직 양육하여 보호하기를 그리스도께서 교회에게 함과 같이 하나니 30 우리는 그 몸의 지체임이라 31 그러므로 사람이 부모를 떠나 그의 아내와 합하여 그 둘이 한 육체가 될지니 32 이 비밀이 크도다 나는 그리스도와 교회에 대하여 말하노라 33 그러나 너희도 각각 자기의 아내 사랑하기를 자신 같이 하고 아내도 자기 남편을 존경하라

6:1 자녀들아 주 안에서 너희 부모에게 순종하라 이것이 옳으니라 2 네 아버지와 어머니를 공경하라 이것은 약속이 있는 첫 계명이니 3 이로써 네가 잘되고 땅에서 장수하리라 4 또 아비들아 너희 자녀를 노엽게 하지 말고 오직 주의 교훈과 훈계로 양육하라

우리의 삶은 여러 의미 있는 관계들(relationships)로 조성됩니다. 그중 가장 중요하고 의미 있는 관계는 한 남자와 한 여자가 만나 결혼하여 부부관계를 맺는 것입니다. 독신의 은사가 있는 분들이 혹 있지만, 하나님께서는 가정을 만들고 축복하시기 원하셨습니다 (창 1:26-27). 이 가정이 하나님 나라의 기초가 되는 것입니다. 믿는 가정이 곧 교회이며, 지역교회의 기초입니다. 하나님은 이 가정을 사용하여 구원의 역사를 이루며 하나님 나라를 확장해 나가는 것입니다.

교회를 개척하고 약 5-6년 지났을 때였습니다. 교인이 50여 명일 때 제직원도 11명 밖에 없었습니다. 남전도회와 여전도회가 각각 하나씩 밖에 없었는데, 어느 부부가 남전도회장과 여전도회장을 맡고 있었습니다. 우리 교인들이 다 잉꼬부부라고 여겼던 남편과 아내였습니다. 그런데 그해 12월에 싱글이던 남자 집사님이 여전도회장이 일하던 은행에 가서 일 끝나고 나오는 여집사님을 납치(?)해 갔습니다. 어떤 기도원으로 데리고 간 것입니다. 그날 밤에 여집사가 집에 오지를 않고 연락이 되지 않아 다음 날 남집사가 내게 전화를 했습니다. 기도하며 찾으러 다니다가 결국 싱글 남집사를 만나 꾸짖었습니다. 하지만 교회 전체가 알게 되었고, 세 사람은 다 교회를 떠나게 되었고, 교회는 풍비박산이 되었습니다. 잉꼬부부인 줄 알았는데, 부부관계가 좋은 줄 알았는데 아니었던 것입니다.

부부가 잘 만나서 끝까지 믿음 안에서 잘 사는 것 얼마나 큰 축복입니까? 사실 어느 누가 불행해지려고 결혼합니까? 사랑하며 행복한 가정을 꿈꾸며 결혼하는 것이 아닙니까? 그런데 왜 많은 부부가 행복하지 못합니까? 황혼이혼이 많다고 합니까?

우선 성경에서 말하는 사랑에 대한 이해의 결핍 때문입니다. 세상이 말하는 사랑, 느낌(feel) 곧 좋은 감정이 성경에서 말하는 부부의 사랑이 아닙니다. 하나님 사랑에서 배운 의지적인 사랑입니다. 어거스틴은 이를 라틴어로 Caritas(至純愛)의 사랑이라고 했습니다. 하나님의 사랑을 경험해 본 사람이 배우자를 희생으로 섬기며 사랑합니다.

결혼을 잘하는 것도 쉽지 않지만, 결혼 후 부부관계가 더욱 좋아지며, 지속적으로 서로에게 은혜가 되는 부부관계, 자녀들이 보기에 본을 받을만한 아름다운 부부관계는 더욱 어려운 것이 오늘날의 실태입니다. 부모와 자녀 간의 관계도 마찬가지입니다. 이유는 대부분의 부부관계, 부자관계가 하나님께서 원래 가정을 세우신 그 계획과 목적에 어긋나 있기 때문입니다.

본문의 문맥을 살피면, 바울은 에베소서 1장부터 3장까지 중요한 교리를 설명한 후, 4장부터 성도의 실생활에 적용해야 할 진리의 말씀을 전합니다. 5장에 들어와서는 우리로 하여금 하나님의 사랑을 입은 자녀로서 하나님 아버지를 본받는 자가 되라고 명령하시면서(1절), 성령충만을 받지 않고는 불가능하기에 성령의 충만을 받으라고 하신 후(5:18), "그리스도를 경외함으로 피차 복종하라"(21절)라고 권면하셨습니다. 이는 예수 그리스도를 구세주로 믿고 살아가는 성도가 가지는 모든 인간관계의 대전제입니다. 부부 관계에서도, 부자관계에서도 대전제는 서로 섬기며, 복종하는 것입니다. 주종관계에도, 노사관계에도, 목자와 양의 관계에도 마찬가지입니다.

하나님께서는 사람을 창조하실 때에 누구나 다 동등하게, 차별 없이 창조하셨습니다. 그리스도 안에서는 누구에게나 다 평등하게 대하십니다. "너희는 유대인이나 헬라인이나 종이나 자주인이나 남자나 여자나 다 그리스도 예수 안에서 하나이니라"(갈 3:28)고 하였습니다. 즉, 성도들 안에 무슨 차별이 있는 것이 아닙니다. 성(sex)이 달라도, 민족이 달라도, 빈부의 격차를 불문하고 다 하나라고 하였습니다. 그래서 주 예수 그리스도를 경외하는 성도들은 서로 신분이나 직임을 막론하고 서로 존중하며 겸손히 섬기라고 먼저 전제 조건으로 말씀하신 것입니다. 이것을 깨닫지 못하고 가정에서 서로 주도권 쟁탈전을 벌이고 투쟁하며 사는 가정이 얼마나 많습니까?

그런데 하나님께서 남자와 여자를 창조하실 때에 질서 있게, 다르게 창조하셨습니다. 부부관계, 부자관계에 있어서 그 역할이 다르다는 말씀입니다. 오늘 본문은 그 다른 역할, 의무, 기능의 차이를 말씀해 주고 있습니다. 그래서 오늘 말씀을 잘 깨닫고 여러분의 부부관계, 부자관계에 적용을 시키시면 하나님께서 원하시는 참된 가정을 이루어 하나님의 사랑이 더 풍성해지며 축복을 받게 되는 것입니다.

첫째로, 주 안에서 아내는 남편에게 순종해야 합니다.

22절에 "아내들이여 자기 남편에게 복종하기를 주께 하듯 하라" 라고 하였습니다. 요즈음 세상에 결혼식 주례에도 듣기 어려운 말씀입니다. 19세기 중반부터 시작된 여성인권운동(feminist movement) 의 확산과 아내들도 직장을 가지고 돈을 벌게 되면서 감히 남편 말을 순종하라고 할 수 없는 세상입니다. 그러나 하나님의 말씀은 아내는 남편에게 순종하라고 합니다. 여기 아내나 남편 앞에 어떤 수식어도 없습니다. 능력이 있어 돈을 잘 벌고, 건강하고, 신앙이 좋은 남편에게 순종하라고 하지 않으셨습니다. 또한 의지적으로, 자발적으로 순종하는 것입니다. 하나님의 뜻임을 알고 자신의 권리를 포기하는 것입니다. 내 주장을 포기하는 것입니다. 물론 아이들이 부모에게 순종하는 것처럼(6:1), 혹은 종이 상전에게 순종하는 것처럼(6:5) 순종하라고 명하지 않으셨습니다. 그러므로 남편이 그의 아내를 아이처럼, 종처럼 취급하면 안 되지요. 자신과 동등한 하나님의 자녀로 알고 보호하며 지켜줄 책임이 있는 것입니다. 아내가 남편의 소유물이 아닙니다. 아내도 하나님께 속한 인격체입니다. 다만 이 세상에서 서로 한 몸이 된 것입니다.

그런데 아내들은 하나님께서 에덴동산에서 여자에게 이르신, "내가 네게 임신하는 고통을 크게 더하리니 네가 수고하고 자식을 낳을 것이며 너는 남편을 원하고 남편은 너를 다스릴 것이니라"(창 3:16)의 말씀을 기억하고, 자신을 다스리는 사람이 남편인 것을 알아야 합니다. 이는 부부관계의 질서를 말합니다. 권위(authority)를 남편에게 부여하신 하나님이십니다. 태초에 여자를 지으실 때에 그 역할이 돕는 자로 지으신 것입니다(창 2:18).

한편, 사도 베드로도 "아내들아 이와 같이 자기 남편에게 순종하라 이는 혹 말씀을 순종하지 않는 자라도 말로 말미암지 않고 그 아내의 행실로 말미암아 구원을 받게 하려 함이니"(벧전 3:1)라고 하였습니다. 그러므로 믿는 아내들은 남편을 비판하거나, 바가지를 긁거나, 설교하려고 하기보다는 오히려 남편 앞에 단순히 선한 본을 보임으로, 복음의 능력과 아름다움이 그녀 자신의 삶에 영향을 끼치고 있음을 나타냄으로 남편들로 스스로 깨닫게 만들어야 합니다. 겸손, 순결, 친절, 존중함, 사랑이 남편으로 하여금 제 위치를 찾게 하고, 불신 남편까지도 그리스도께로 인도하게 되는 것입니다. 외적이 치장이 중요한 것이 아니라(벧전 3:2-3), "오직 마음에 숨은 사람을 온유하고 안정한 심령의 썩지 아니할 것으로 하라 이는 하나님 앞에서 값진 것이니라"(벧전 3:4)라는 말씀대로 행하여야 합니다. 가정에서든, 교회에서든 성경은 여자가 남자 위에서 지도하라고 가르치지 않습니다. 여자는 남자를 격려하며 원래 창조목적인 돕는 배필로서 도울 때에 그 힘을 발휘하는 것입니다.

그 순종의 방법과 동기를 23-24절에 설명해 줍니다. "이는 남편이 아내의 머리 됨이 그리스도께서 교회의 머리 됨과 같음이니 그가 바로 몸의 구주시니라 그러므로 교회가 그리스도에게 하듯 아내들도 범사에 그 남편에게 복종할지니라"라고 하셨습니다. 순종의 원리를 교회와 예수 그리스도와의 관계로 설명하셨습니다. 교회(성도)는 예수님의 몸이요, 교회의 머리는 예수님이기에 교회(성도)는 예수님에게 순종하게 되어있다는 말씀입니다. 질서와 지도력을 관점에서 보아야 합니다. 교회를 향한 하나님의 뜻은 머리 되신 예수님께 순종하는 것과 마찬가지로 아내들은 자신의 머리 되는 남편에게 순종하는 것이 마땅하다는 것입니다. 물론 주 안에서의 순종입니다. 주님 바깥에서, 말씀에 어긋난 것에 순종하는 것은 아닙니다.

그러므로 성도들이 예수님의 모든 말씀에 순종하게 될 때에 교회가 부흥하듯이 '범사에' 아내가 남편에게 순종할 때에 가정이 잘되게 되어 있습니다. 우리가 주님께 순종하는 것도 주님을 믿고 따라가는 것이지요. 아내들도 남편을 위해 바른 결정을 하도록 기도하고, 믿고 따라가는 것입니다. 하나님의 뜻에, 말씀에 순종하기 위해서 남편에게 순종하는 것입니다. 잘못되면 남편 책임이지요. 하나님은 아내들에게 책임을 묻지 않습니다. 함께 고생하는 것이야 한 몸이 되었으니 당연한 것입니다.

둘째로, 주 안에서 남편은 아내를 죽기까지 사랑해야 합니다.

사실 남편에게 범사에 복종하라는 말에 아내들이 불만을 가질 수 있지만, 자세히 성경을 살펴보면 차라리 그것이 더 쉽습니다. 남편들에게는 그리스도의 사랑을 요구합니다. 25절에 "남편들아 아내 사랑하기를 그리스도께서 교회를 사랑하시고 그 교회를 위하여 자신을 주심같이 하라"라고 하셨습니다. 앞에서 아내들에게 남편에게 순종하라는 말씀의 근거는 남편들이 아내를 사랑하기 때문인데, 지극히 사랑하되 자기 자신을 온전히 내어 줌으로 사랑하는 것입니다. 예수님께서 교회(성도)를 위하여 목숨을 버린 것처럼 죽도록 사랑하는 것입니다. 감정적으로도 사랑해야 하고, 친한 친구처럼 사랑하기도 해야 하지만 더 중요한 것은 예수님처럼 헌신적으로, 희생적으로 사랑하는 것입니다. 아내를 위하여 목숨 바쳐 헌신하는 것입니다. 억지로 하는 사랑이 아닙니다. 예수님처럼 은혜로 희생하는 것입니다. 아내가 매력적이어서, 사랑할 마음이 일어나서 하는 사랑이 아닙니다. 아내가 어떻게 생기고, 무슨 행동을 하고 해서 사랑하는 것이 아닙니다. 그러므로 아내가 남편을 사랑하는 것보다 남편이 아내를 사랑하는 것이 훨씬 더 깊고, 크고, 넓어야 합니다. 마치 주님의 사랑이 성도들의 사랑보다 더 깊고 큰 것처럼 말입니다.

사실 교회의 참된 영적 지도자는 '많은 사람들 앞에서 그가 교회의 일들을 얼마나 잘하느냐'로 결정되는 것이 아니고, 교인들이 보지 않을 때에 '집에서 아내와 자녀들을 어떻게 대하느냐'로 결정

되는 것입니다. 교회에서는 지도자로 행세하면서 집에서는 아내를 사랑하는 것이나 자들을 돌보는 일에 부실하다면 그것은 영적 기만이요 위선입니다.

이어서 남편이 아내를 이렇게 사랑해야 할 이유를 26-27절에 말씀하고 있습니다. "이는 곧 물로 씻어 말씀으로 깨끗하게 하사 거룩하게 하시고 자기 앞에 영광스러운 교회로 세우사 티나 주름잡힌 것이나 이런 것들이 없이 거룩하고 흠이 없게 하려 하심이니라"라고 하셨습니다. 교회를 비유로 주님께서 죽기까지 사랑하신 이유는 '교회(성도)가 성령으로 중생의 씻음과 하나님의 말씀으로 거룩하게 삶으로 순결하고 아무런 흠이 없게 하시기 위하여'라고 하십니다. 즉, 아내는 남편보다 더 연약한 그릇이며 생명의 은혜를 유업으로 함께 받을 자이기에(벧전 3:7), 남편이 아내를 죽도록 사랑하면 둘이 하나님 앞에 순결하고 거룩하여 아무런 흠이 없어지기 때문이라는 것입니다.

사실 이것이 결혼의 궁극적인 목적입니다. 둘의 행복하기 위하여 결혼하는 것이 아니라 보다 더 거룩하게 되려고, 주님을 닮아가려고 결혼하는 것입니다. 행복은 부산물입니다. 즉, 거룩의 연습은 가정에서 하는 것입니다. 교회가 아닙니다. 교회에서는 동기부여를 해줄 뿐입니다. 실제로 가정에서 생기는 여러 가지 일로 인하여 서로 부딪치면서 깎아지고 다듬어져서 점점 거룩해져 가는 것입니다.

다시 말씀드리면 남편이 아내를 그렇게 목숨 걸고 사랑할 때에 자신도, 아내도, 가정도 타락한 세상으로부터 정결케 되고 하나님 앞에 바로 선다는 말씀입니다. 그 사랑은 아내를 정결하고, 의롭게, 세상으로부터 구별되게 합니다.

그리고 그렇게 목숨 걸고 아내를 사랑해야 하는 또 다른 이유는 "이와 같이 남편들도 자기 아내 사랑하기를 자기 자신과 같이 할지니 자기 아내를 사랑하는 자는 자기를 사랑하는 것이라"(28절)라고 하였습니다. 한 몸이 되었으니 당연한 말씀입니다. 자신의 몸은 잘 돌보면서 아내는 무엇을 먹든지, 잘 쉬는지 신경쓰지 않는다면 오늘 말씀하시는 사랑과는 거리가 먼 것입니다. 아내가 힘이 필요하면 힘을 주고, 격려가 필요하면 격려해 주고 하며 잘 돌보아야 합니다. 무슨 말을 할 때에 경청, 귀담아 들어줄 수 있어야 합니다. 아내를 단지 집 청소나 하며, 음식 만들어 내는 가정부로, 때때로 자기가 필요할 때에 욕망을 채워주는 섹스 파트너로만 안다면 대단히 잘못된 남편입니다. 아내를 하나님께서 주신 사랑을 받을, 보살핌을 받을, 소중히 여겨야 할 연약한 보물로 알고 따뜻이 보호하며, 절대 안전함(security)을 심어주어야 합니다. 그래서 29-30절에 다시금 "누구든지 언제나 자기 육체를 미워하지 않고 오직 양육하여 보호하기를 그리스도께서 교회에게 함과 같이 하나니 우리는 그 몸의 지체임이라"라고 말씀하고 계십니다. 제 육체라고 하였습니다.

그러므로 부인을 부를 때에도 좋은 말로 불러주어야 합니다. '어이, 저기, 누구 엄마' 혹은 '자기, 오빠, 아저씨'가 아니라, '여보' 나 '당신'이 좋습니다. 왜냐하면 '여보'의 의미는 '나에게 보배와 같은 존재'라는 뜻이며, '당신'은 '따로 떨어져 있어도 내 몸과 같은 존재'라는 뜻이기 때문입니다. 다른 사람에게 부인을 소개할 때에도 '아내'를 사용하는 것이 좋은데 그 의미는 '안의 해'가 '안 해'로, 다시 '아내'로 변한 것이라고 합니다.

사랑하는 여러분!

부부관계는 신랑 되신 예수님과 영적 연합이 된 신부들인 우리와의 관계처럼 뗄려야 뗄 수 없는 언약관계임을 본문 31-33절까지 잘 말해주고 있습니다. 사도 바울은 "그러므로 사람이 부모를 떠나 그 아내와 합하여 그 둘이 한 육체가 될지니 이 비밀이 크도다 나는 그리스도와 교회에 대하여 말하노라 그러나 너희도 각각 자기의 아내 사랑하기를 자신 같이 하고 아내도 그 남편을 존경하라"라고 창세기 2장 24절 말씀을 인용하시면서 결론을 맺고 있습니다.

먼저 부모를 떠난다고 했습니다. 이 말이 부모를 버린다는 뜻이 아닙니다. 이제 부모에게서 독립을 하게 된다는 뜻입니다. 재정적으로, 정신적으로, 육체적으로, 영적으로 독립하는 것입니다. 그러므로 부모들도 끈을 놓아야 합니다. 결혼을 했으면 그 가정에 부모가 영향을 미치려고 해서는 안 됩니다. 31절에 "아내와 합하여"라는 말은 문자적으로 '풀로 붙이다, 시멘트로 연결하다'는 뜻입니다. 부모를 떠나서 둘이 붙어버린 것입니다. '한 육체'가 되었다고 하였습니다. 육체적으로, 정신적으로, 영적으로 하나가 된 것입니다. 결혼하기 전까지는 부모들이 사랑하고 돌보고 하고 그들의 삶을 간섭하고 다스렸지만, 결혼하고 나면 더 이상 자녀들에 대한 책임이나 의무가 없어질 뿐 아니라, 다스리고 간섭할 권리도 없어집니다. 이제 둘이서 한 몸이 되어 서로 책임을 져야 합니다. 특히 자녀들 앞에서도 하나임을 보여 주어야 합니다. 그들에게 둘이 한 몸임을 심어 주어야 합니다.

사도 바울은 이어서 6장에 들어와 주님 안에서 참된 가정의 부자 관계, 자녀와 부모의 도리, 책임을 가르치고 있습니다. 미국은 물론이고 요즈음 한국도 만물의 영장이라는 인간들이 모여 사는 사회의 가장 기본적인 도리가 땅에 떨어져 온통 떠들썩하게 합니다. 신문 기사를 보면 대학교육까지 시키고 힘들게 미국 유학을 보내어 박사 학위까지 받은 자식이 자신에게 싫은 소리를 했다고 아버지를 죽이는 끔찍한 일, 컴퓨터 게임을 못하게 한다고 어머니를 죽인 자식, 일자리를 얻지 못해서 집에서 놀고만 있다고 핀잔을 주던 아버지를 흉기로 살해한 자식, 늙은 시어머니를 폭행하고 학대하는 며느리의 모습 등 상상도 못 할 일들이 벌어집니다. 이유는 젊은이들의 가치관이나 삶의 목적이 근시적이고, 육체의 소욕을 만족하게 하는 극단적 이기주의 때문입니다. 불신앙 때문입니다. 죄에 대해 무감각해져 버린 사회풍토 때문입니다. 가장 기초적인 가정의 질서가, 도리가 무너지고 있습니다. 성령의 인도를 받지 못하고, 육체의 소욕을 따르기 때문이요, 사탄이 주장하는 이 세상의 조류에 휩쓸리기 때문입니다.

무엇보다도 먼저 자녀들에게 주시는 말씀은 주 안에서 우리 부모들을 순종하라(1절), 공경하라(2절)는 것입니다. 순종(obedience)은 행동(action)이 뒤따르는 것을 말하며, 공경(honor)은 그 순종의 근본이 되는 태도(attitude)를 가리킵니다. 자신의 부모에게 잘 순종하고, 공경하는 자녀는 늘 그들의 지혜나 충고에 적극적으로 반응합니다.

그런데 "주 안에서" 부모를 순종하고 공경하는 것입니다. 이것이 다른 종교나 도덕의 가르침과 다른 것입니다. 공자가 말하는 맹목적인 효(孝)가 아닙니다. 순종과 공경의 근본이, 그 사고가, 하나님께서 허락하신 부모이기에 감사하면서 주님을 바라보고 순종하며, 공경하는 것입니다. "자녀들아 모든 일에 부모에게 순종하라 이는 주 안에서 기쁘게 하는 것이라"(골 3:20)고 하였습니다. 즉, 부모님을 순종하고 공경하는 것은 하나님을 기쁘게 하는 일이라는 말씀입니다. 부부관계에서도 그랬듯이, 부자관계에서도 창조주 하나님께서 세우신 질서라는 말씀입니다. 하나님의 뜻입니다.

본문의 부모 앞에 어떤 수식어도 없습니다. 부모가 무식하고, 가난하고, 심지어 믿지 않는 사람이라도 순종하고, 공경하라는 것입니다. '순종'(ὑπακούω, obey)의 헬라어 원어의 의미는 '아래서 듣는다'라는 뜻으로, 주의 깊게 부모님의 말을 듣고, 들은 것을 긍정적으로, 적극적으로 응답함을 말합니다. 아브라함의 아들 이삭을 기억하십니까? 모리아 산에서 아들을 제물로 바치라는 하나님의 명령에 아브라함만 순종한 것이 아니라, 아들 이삭도 자신을 죽이려는 아버지에게 전혀 반항하지 않고, 죽기까지 순종하였던 아들이었습니다. 예수님도 마찬가지였습니다. 물론 "주 안에서" 이기에 하나님의 말씀에 어긋난, 죄를 짓게 하는 비윤리적이거나 부도덕한 일, 다른 사람을 해치는 일까지 부모를 순종하는 것은 아닙니다. 하나님을 기쁘게 하는 일이 아니니까요. 늘 하나님이 우선이요, 하나님 중심의 삶이기에 부모를 순종하고 공경하는 것입니다. 왜, 우리가 부모를 공경하면서 순종해야 합니까?

첫째로, 자녀들이 그 부모를 공경하고 순종하는 일은 옳은 일이기 때문입니다(1절하). 마땅한 것이고, 의로운 것이라는 말씀입니다. 그런데 만약 거꾸로 부모가 자녀를 받들며, 자녀의 말을 듣고 따라가는 것은 잘못된 일이라는 말씀입니다. 하나님의 말씀에, 창조질서에 어긋난 것입니다. 하나님이 부모들에게 권위를 부여한 것입니다. 그러므로 자녀들이 부모를 받들며, 듣고 따르는 것입니다.

둘째로, 자녀들이 부모를 공경하고 순종하라는 것은 하나님의 명령이기 때문입니다(1절하-2절). 해도 되고, 안 해도 되는 것이 아닙니다. 하나님께서 모세에게 준 십계명에서도 인간관계에 대한 도리를 말씀하시는 계명들 가운데 첫째로 말씀하신 명령이 부모를 공경하라(출 20:12, 신 5:16)는 것이었습니다. '공경'(τιμαω, honor)의 참 뜻은 부모님들에게 존경함과 사랑의 마음으로 늘 대하며 그들이 우리를 필요로 하는 그날까지 돌보며, 우리가 삶의 모본이 되어 모든 사람으로 하여금 그들을 공경하게 하는 것을 말합니다. 예수님께서도 하나님을 섬긴다고 하면서 부모들을 돌보지 않는 외식하는 바리새인들과 서기관들을 오늘 동일한 말씀으로 꾸짖은 적이 있습니다(마 15:3-6).

셋째로, 자녀들이 그렇게 함으로 하나님의 축복을 받기 되기 때문입니다(3절). 늘 그렇듯이 하나님께서는 당연히 해야 할 도리를 하는 데도 복을 주십니다. 십계명 가운데 축복의 약속을 하신 첫 계명인 제5계명입니다. "이는 네가 잘 되고 땅에서 장수하리라"라고 하셨습니다. 앞에 '잘 된다'는 말은 삶의 본질(quality)의 축복임을 말하며, 뒤에 '장수하리라'는 것은 말 그대로 삶이 오래도록 지속됨(quantity)을 말합니다. 그냥 오래 사는 것이 아니라, 평안한 삶, 행복한 삶을 오래 사는 복입니다. 즉, 부모에게 잘하는 자녀는 하나님께 잘하는 것과 마찬가지이니 하나님께서 모든 일에 복 주시며, 그 축복의 삶을 오래 동안 지켜 주신다는 약속입니다. 믿으십니까?

사실 순종을 배워 실천하는 자녀들은 올바로 살게 되어 있고, 그렇지 않고 부모의 말에 순종하지 않고 제 마음대로 살면서 부주의하고 어리석게 살면, 불행할 뿐만 아니라 오래 살지 못하는 것은 지극히 당연한 귀결입니다. 그리고 바울은 4절에서 아버지들에게 권면합니다. "또 아비들아 너희 자녀를 노엽게 하지 말고 오직 주의 교훈과 훈계로 양육하라"라고 합니다. 우리의 자녀들은 하나님께서 주신 기업, 복입니다(시 127:3-5).

또한, "의인의 아비는 크게 즐거울 것이요 지혜로운 자식을 낳은 자는 그를 인하여 즐거울 것이니라"(잠 23:24)라고 하였습니다. 그러므로 자녀들이 하나님의 말씀을 잘 배우고 지키도록, 부모님들을 공경하고 순종하도록 훈련을 받아야 합니다. 구약 성경의 중심된 진리는, 쉐마인 "우리 하나님 여호와는 오직 유일한 여호와시니"(신 6:4)입니다. 그 진리에 대한 하나님의 백성들의 반응은 "너는 마음을 다하고 뜻을 다하고 힘을 다하여 네 하나님 여호와를 사랑하라 오늘 내가 네게 명하는 이 말씀을 너는 마음에 새기고"(신 6:5-6)가 되어야 합니다. 그런데 그 말씀 바로 뒤 7절에 나오는 말씀이 "네 자녀에게 부지런히 가르치며 집에 앉았을 때에든지 길을 갈 때에든지 누웠을 때에든지 일어날 때에든지 이 말씀을 강론할 것이며"라고 하였습니다. 즉, 가정에서 늘 입으로, 행동으로 하나님의 말씀에 헌신되어 있어야 함을 하나님께서는 요구하셨습니다. 잠언서에는 더욱 구체적으로 부모들이 자녀들을 어떻게 양육하고 가르치는지 잘 나와있습니다.

"내 아들아 네 아비의 훈계를 들으며 네 어미의 법을 떠나지 말라"(1:8), "내 아들아 나의 법을 잊어버리지 말고 네 마음으로 나의 명령을 지키라"(3:1), "아들들아 아비의 훈계를 들으며 명철을 얻기에 주의하라"(4:1), "내 아들아 내 말을 받으라 그리하면 네 생명의 해가 길리라"(4:10) 등 수없이 많이 강조하고 있습니다. 물론 본문에 "아비들아"라고 해서 아버지들 만이 교양과 훈계로 양육하는 것이 아닌 줄 압니다. 문맥상 부모를 뜻합니다. 어쩌면 어머니의 역할이 더 중요한지 모릅니다. 사실 세상에서 어머니보다도 어떤 자녀에게 그 영향을 끼치는 사람은 없을 것입니다. 어제나 오늘이나 이 사회에 문제가 되고 있는 사람들은 대부분이 가정이 파탄되었거나 부모로부터, 특히 어머니로부터 사랑을 못 받고 자란 사람들입니다. 그러므로 만약 여러분이 경건하고 선한 어머니를 모시고 있다면 하나님으로부터 이미 축복을 받은 것입니다. 링컨 대통령도 말씀하시기를 '경건한 어머니를 모시고 있는 사람은 결코 가난하지 않다'라고 하였습니다.

그런데 본문 4절에 부모는 자녀를 노엽게 하지 말라고 하셨습니다. 무슨 뜻입니까? 노엽게 하지 말라고 해서 무조건 자녀들의 비위를 맞추라는 말씀은 결코 아닙니다. 다만 계속적으로 반복하여 자녀의 성질을 건드려서 마음에 깊은 상처를 주어, 치유할 수 없는 분노를 만들지 말라는 뜻입니다. 예를 들면 다른 자녀를 계속 편애하면 안 됩니다. 야곱과 에서를 기억하지요. 이삭은 에서를 더, 레베카는 야곱을 더 사랑함으로 그 가족에게는 씻을 수 없는 불화를 자초하고 말았습니다. 또 다른 자녀들과 비교하면 안 됩니다. 하나님이 고유하게 다 다른 은사들과 선물들을 주셨는데 자꾸 비교하여 평가하면 하나님을 무시하는 것과 동일합니다.

특별히 다른 자녀들이 있는 앞에서 비교하면 그 자녀에게는 큰 상처입니다. 그리고 자녀들에게 너무나 많은 것을 요구하면 안 됩니다. 이성적으로 생각하여 가능한 것 만을 요구하여야 합니다. 지나치게 부모의 욕심을 채우기 위하여 자녀들을 무리하게 하면 화를 자초합니다. 그래서 자녀들을 낙심시키거나 용기를 잃게 해서는 안 됩니다. 다른 보통 아이들처럼 정상적으로 잘 자라도록 하여야 합니다. 그리고 절대로 자녀들에게 '너는 태어나지 않았으면 더 나았다'는 식으로 말해서는 안 됩니다. 욕을 퍼붓거나 입에 담지 못할 말들은 절대로 금해야 합니다.

한편 "오직 주의 교양과 훈계로 양육하라"라고 하셨습니다. 교양(παιδεια, training)이라 함은 자녀를 훈련시키되 체계적으로, 조직적으로 가르치는 것을 말합니다. 여기에는 잘못하면 벌하는 것도 포함합니다. "매를 아끼는 자는 그의 자식을 미워함이라 자식을 사랑하는 자는 근실히 징계하느니라"(잠 13:24)라고 하였고, "아이를 훈계하지 아니하려고 하지 말라 채찍으로 그를 때릴지라도 죽지 아니하리라 그를 채찍으로 때리면 그 영혼을 음부에서 구원하리라"(잠 23:13-14)라고 하였습니다. 주님의 훈련입니다. 하나님께서 주신 말씀을 근거로 하는 가르침입니다.

유명한 존(John Wesley)와 찰스(Charles Wesley)의 어머니 수잔나(Susannah Wesley)는 열일곱 명의 자녀를 다 훌륭하게 키웠는데, 말씀하시기를 '자녀들의 자아를 잘 다스리는 공부를 하는 부모는 그 영혼을 새롭게 하고 구원하는 일을 하나님과 함께 일하는 자요, 그 일을 게으르게 하는 부모는 사탄과 함께 일하는 자요, 자녀의 영혼과 육체를 망치게 하며, 기독교를 아무 쓸모없는 종교로만 그치게 할 뿐이다' 고 하셨습니다. 공감이 가는 말씀입니다.

또 훈계(νουθεσια, instruction)라 함은 마음에 무엇을 집어넣어 주는 것을 말합니다. 여기에는 올바른 것, 하나님의 교훈들을 심어주는 것을 말합니다. 잠언에 있는 많은 말씀들이 여기에 해당합니다. 어찌하든지 주님의 성품을 닮은 인성과 영성을 가르쳐야 합니다. 자녀들은 자주 부모의 말을 듣지는 않습니다. 그렇다고 해서 포기해서는 안 됩니다. 어떤 때에는 격려와 칭찬이 필요합니다. 바른 태도, 특별히 하나님 앞에서의 정직한 삶을 가르쳐야 합니다. 말씀을 가르쳐야 합니다. 물론 제일 중요한 것은 부모가 본을 보이는 것입니다. 자녀들은 따라 하게 되어 있습니다. 속일 수가 없습니다. 정말 주의해야 합니다. 미국 신대륙에 처음 이민 온 청교도들은 자기 자녀들을 이렇게 하나님의 말씀으로 양육하였습니다. 거의 모든 아이비리그 대학교들은 거의 다 청교도들이 세운 것이었습니다. 학문을 가르치지 전에 대학교에서 성경을 가르쳤습니다. 그러나 200여 년이 지난 후부터는 계몽주의, 이성주의 영향으로 많은 부모들이 자유주의로 흘러 버리거나 불신앙으로 살면서, 하나님의 말씀을 가르치지 않고, 인간적인 지식으로만 가르치다 보니 자녀들을 바깥세상에 내놓기 어려운 타락한 오늘날의 미국이 된 것입니다. 미국은 더 이상 기독교 국가가 아닙니다.

사랑하는 여러분!

5월 가정의 달만 아니라 일 년 내내 가정을 소중하게 여기고 각자 믿는 남편으로, 아내로, 자녀로, 부모로 본이 되기를 바랍니다.

부부관계도 그렇고, 부자관계의 열쇠는 대화, 의사소통에 있습니다. 문제는 부모가 자녀를 위에서 내려다보며 그저 잘못을 지적하고 훈계하는 것으로만 끝나는 것입니다. 이는 대화가 아닙니다. 일방적으로 부모가 야단만 치는 것입니다. 부모 편에서는 자식 잘되라고 조바심 속에 하는 말들이지만 때로 자식에게 약이 되기보다는 독이 됩니다. 대화 기술의 기본은 듣는 것, 경청입니다. 내가 하고 싶은 이야기를 하기 전에 자녀의 이야기를 들어 보십시오. 그것만으로도 자녀와의 관계를 좋게 할 수 있습니다. 자녀들도 마찬가지입니다. 부모의 말에 경청하십시오. 이해하도록 애를 쓰십시오. 사람은 귀 때문에 망하는 사람보다 입 때문에 망하는 사람이 훨씬 많습니다. 날아가는 새는 잡을 수 있지만, 한번 입에서 나간 말은 다시 붙잡을 수 없습니다.

자녀 된 여러분!

우리의 부모님들을 공경하고 순종합시다. 교회의 영적 어르신들도 공경하고 순종합시다. 하나님을 사랑하기에, 그들을 사랑하며 섬기고 삽시다. 성경은 이것이 옳은 삶이라고 하였습니다. 하나님의 명령입니다. 아니 그렇게 살면 하나님께서 축복을 약속하셨습니다. 이 땅에서 잘되고 오래 살도록 복을 주시겠다고 하셨습니다. 그러므로 이 시대의 조류와 육체의 소욕을 거슬러 성령의 인도를 받는 자녀들이 되기를 축원합니다.

부모 된 여러분!

자녀들을 잘 양육합시다. 교회의 영적 자녀들에게도 말입니다. 그들의 마음에 상처를 주어 분노를 심어 주지 말고, 오히려 주의 교양과 훈계로 잘 가르칩시다. 훈련을 시키고, 하나님의 말씀을 가르칩시다. 성령의 인도를 받아 먼저 본을 보이며 복음의 능력을 삶 가운데 나타냅시다. 사랑으로 잘 기릅시다. 무엇보다도 칭찬과 격려를 아끼지 마십시오. 칭찬 한 마디가 자녀의 인생을 바꿀 수 있습니다. 특히 자녀들이 힘들어할 때에는 더욱 절실합니다.

교회는 전도하고 선교하는 사명만 있는 것이 아니라, 우리 가정에 보내신 자녀들을, 다음 세대를 성경적으로 잘 키우는 것도 사명입니다. 우리 모두 성령의 도우심으로 그러한 자녀와 부모들이 이루는 하나님께서 기뻐하시는 가정들로 가득 찬 우리 교회가 되기를 주님의 이름으로 간절히 축원합니다! 아멘!!

사랑하는 여러분!

오늘날 얼마나 많은 부부들이 갈라서고, 아이들마저 버리는 세대를 맞이하였습니까? 왜 그렇습니까? 하나님께서 원래 세우신 결혼의 목적을 잊어버리고, 하나님께서 기뻐하시는 부부관계를 맺지 못하기 때문입니다. 심지어 예수 믿는 신자라고 하면서도 얼마나 세상적으로, 이기적으로 부부관계를 맺고 삽니까? 사탄은 늘 가정을 파탄시키며 하나님의 나라를 무너뜨리려 합니다. 이유는 가정을 무너뜨리면 교회는 물론, 사회의 모든 분야가 무너지게 되어 있습니다. 하지만 남편과 아내가 결혼의 목적과 자신의 본분을 잘 깨달아 그 역할을, 책임을 잘 감당하면 모든 문제가 사라집니다. 원래 하나님의 계획대로, 그 뜻대로 서로가 잘 감당한다면 행복하고도 풍성한 축복을 누리는 참된 가정의 부부가 되는 것입니다. 여자는 남자의 권위를 인정해 주고 순종하면서 따라가고, 남자는 여자를 사랑하되 죽기까지 사랑하면 됩니다. 남자는 인정받기를 좋아하고 여자는 구체적으로 사랑받기를 좋아하게 되어 있습니다. 하나님께서 남자와 여자를 그렇게 지으셨기에 이 진리를 잘 이해하고 적용하시면 축복받는 부부가 되는 것입니다. 물론 대 전제는 서로 사랑하고 존중하는 것입니다.

송길원 목사는 행복한 가정의 비결을 '미고사축'이라고 했습니다. '미안해요' '고마워요' '사랑해요' '축복해요', 사람 사이의 막힌 응어리를 풀어주며, 관계를 좋게 해 주는 이 네 마디 말 중에 '미안해요'가 가장 어렵다고 합니다. 용서를 구하는 말은 해도, 용서한다는 말을 쉽지가 않다고 합니다. 그러나 믿는 사람은 쉽게 해야 합니다. 서로의 관계를 좋게 하고, 상한 마음을 치유하는 말이 '미안해요'이기 때문입니다. 또 인생을 풍요롭게 하는 말이 '고마워요'입니다. 그리고 힘을 주는 말이 '사랑해요'입니다.

마지막으로 기적을 일으키는 말이 축복해요'입니다. 말이 권세가 있고, 말이 씨가 된다고 하는데, 서로 축복하는 말을 하면 놀라운 기적들이 일어납니다. 예수 그리스도를 믿고 사는 여러분들의 가정에 이 네 마디가 종종 들릴 수 있기를 바랍니다. 아멘!

묵상 질문

1. 본문에서 강조하는 부부관계의 질서(아내의 순종, 남편의 희생적 사랑)를 읽고, 우리 가정에서 나는 이 원리를 얼마나 실천하고 있는지 돌아보십시오.

2. 남편과 아내가 서로를 하나님 앞에서 한 몸으로 여기며 존중하고 사랑하는 삶을 구체적으로 실천하기 위해, 내가 먼저 변화시켜야 할 부분은 무엇입니까?

3. 자녀에게 순종과 공경을 가르치는 일에서, 나는 말씀 중심으로 체계적으로 훈육하고 있는가, 아니면 무심히 지나치고 있는가?

4. 부모로서 자녀를 '노엽게 하지 말고', 주님의 교훈과 훈계로 양육한다는 원칙을 실천하기 위해, 오늘부터 구체적으로 무엇을 시작할 수 있을까요?

5. 가정 안에서 하나님 중심의 질서를 지키는 것이 왜 중요한가요? 내가 가정에서 하나님 중심의 질서를 무시했을 때 생긴 문제를 떠올려보십시오.

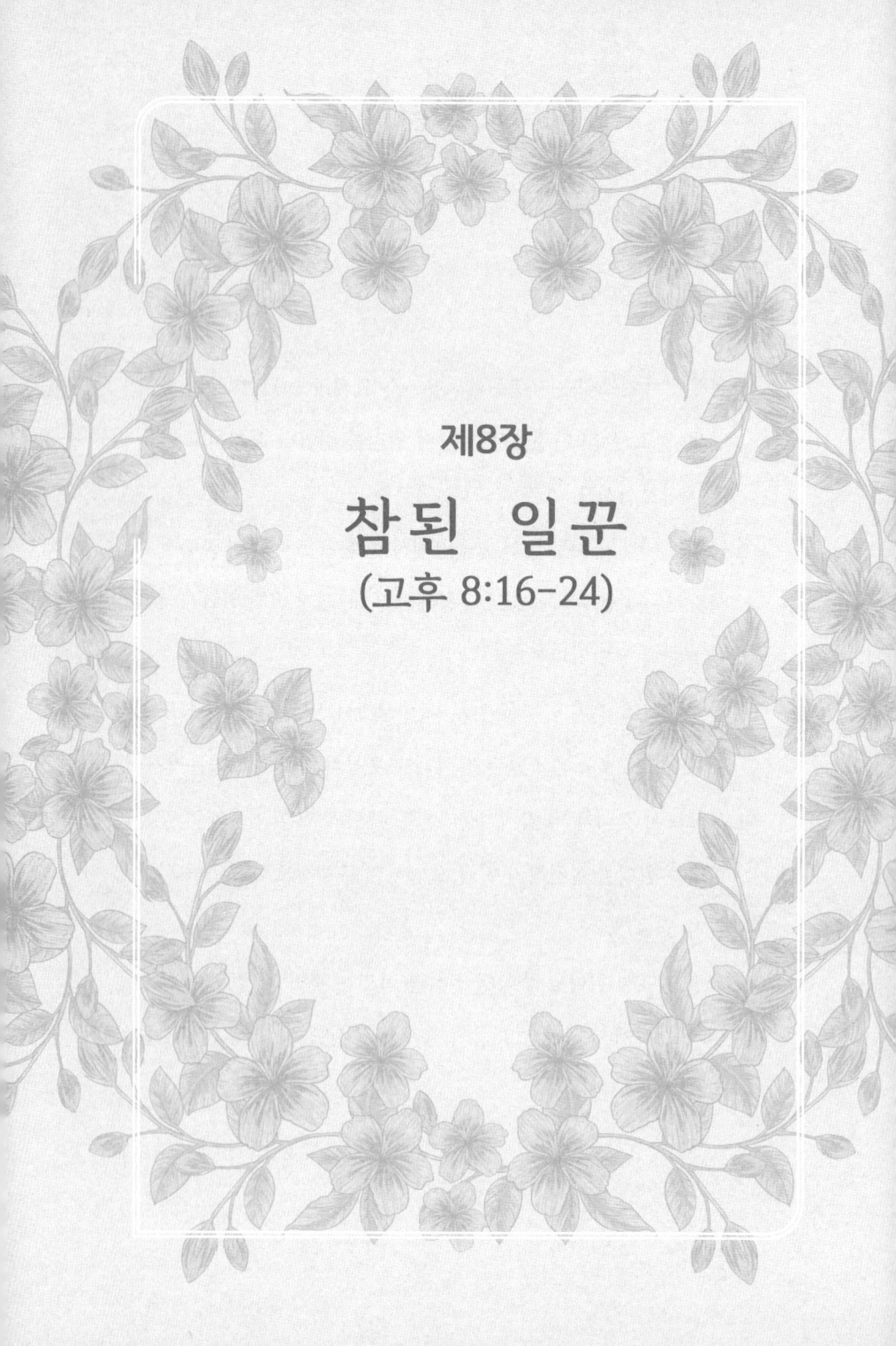

제8장

참된 일꾼
(고후 8:16-24)

¹⁶ 너희를 위하여 같은 간절함을 디도의 마음에도 주시는 하나님께 감사하노니 ¹⁷ 그가 권함을 받고 더욱 간절함으로 자원하여 너희에게 나아갔고 ¹⁸ 또 그와 함께 그 형제를 보내었으니 이 사람은 복음으로써 모든 교회에서 칭찬을 받는 자요 ¹⁹ 이뿐 아니라 그는 동일한 주의 영광과 우리의 원을 나타내기 위하여 여러 교회의 택함을 받아 우리가 맡은 은혜의 일로 우리와 동행하는 자라 ²⁰ 이것을 조심함은 우리가 맡은 이 거액의 연보에 대하여 아무도 우리를 비방하지 못하게 하려 함이니 ²¹ 이는 우리가 주 앞에서뿐 아니라 사람 앞에서도 선한 일에 조심하려 함이라 ²² 또 그들과 함께 우리의 한 형제를 보내었노니 우리는 그가 여러 가지 일에 간절한 것을 여러 번 확인하였거니와 이제 그가 너희를 크게 믿으므로 더욱 간절하니라 ²³ 디도로 말하면 나의 동료요 너희를 위한 나의 동역자요 우리 형제들로 말하면 여러 교회의 사자들이요 그리스도의 영광이니라 ²⁴ 그러므로 너희는 여러 교회 앞에서 너희의 사랑과 너희에 대한 우리 자랑의 증거를 그들에게 보이라

사람을 잘 만난다는 것이 얼마나 중요한지는 결혼을 생각하면 됩니다. 남자나 여자가 배우자를 잘 만나서 이 세상을 떠날 때까지 사랑을 주고받으며, 좋은 만남을 가꾸면서 산다고 하는 것이 얼마나 큰 복입니까? 그렇지 못해 깨어지는 가정이 많은 오늘날의 현실입니다. 부부만 그렇습니까? 목사와 양들 사이도 마찬가지입니다. 목사가 양을 잘 만나고, 양이 목사를 잘 만나서 서로 사랑을 주고받으며, 좋은 만남을 서로 잘 가꾸어 가는 그런 교회에서 신앙생활하는 것이 얼마나 행복하겠습니까? 목회를 하면서 좋은 양을 만나, 양육을 시키면서 그 양이 참된 일꾼으로 세워지는 것만큼 목사에게 보람이 있는 일이 없을 것입니다.

그러면 교회에서 어떤 사람이 참된 일꾼일까요? 저는 한 마디로 목사나 다른 교인이 믿을만한 사람이면 참된 일꾼이라고 생각됩니다. 그럼, 어떤 사람을 '믿을만하다'라고 할 수 있을까요? 대부분은 무엇보다 거짓말을 하지 않고 정직한 말을 하는 사람, 약속을 잘 지키는 사람을 '믿을만하다'라고 합니다. 혹은 맡은 일을 책임 있게 감당하는 사람도 '믿을만하다'라고 합니다. 맞습니다.

그런데 저는 돈 문제에 있어서 정직하고 깨끗한 사람들이야말로 '믿을만하다'라고 합니다. 하나님의 돈에 대하여 정직한 사람들을 말하는 것입니다. 하나님과 그 사람과 관계 속에, 또한 교회와 그 사람과의 관계 속에 돈에 대하여 한 점 부끄러움이 없다고 한다면 그 사람이야말로 가장 믿을만한 사람으로 여겨집니다.

오늘 본문에 사도 바울이 언급한 그렇게 믿을만한 사람들, 참된 일꾼들 셋이 나옵니다. 디도(16절)와 익명의 두 형제들(18절, 22절)입니다. 디도는 헬라인으로서 의원 누가의 친척으로 여겨지는 사도로서 바울이 할례를 받지 않게 하여 율법주의자들과 대항하였으며(갈 2:3), 바울이 그레데 섬에 남겨 두어 거기서 교회를 개척하도록 했고, 바울이 이 디도를 위하여 목회서신 디도서를 기록하였습니다.

본문의 문맥은 바울이 고린도교회에 예루살렘교회를 위한 구제헌금을 요청을 하고, 부자들이 많았던 고린도교회이기에 많은 헌금을 해 주리라 믿고, 믿을만한 동역자 세 사람을 보내서 가져오도록 합니다. 이유는 바울 자신이 돈 문제에 있어서 조금도 오해를 받지 않기를 원했습니다. 하나님의 일을 감당하는 사도로서 재정문제에 있어서 투명한 삶을 원했기 때문입니다. 사탄, 마귀가 늘 돈을 가지고 시험하기 때문입니다. 그래서 "이것을 조심함은 우리가 맡은 이 거액의 연보에 대하여 아무도 우리를 비방하지 못하게 하려 함이니 이는 주 앞에서 뿐 아니라 사람 앞에서도 선한 일에 조심하려 함이라"(20-21절)라고 한 것입니다. 바울은 기도하면서 사탄, 마귀가 훼방할 거리를 찾지 못하도록 아주 조심하였습니다.

우리는 선한 하나님의 일을 하면서 '나만 괜찮으면 돼'라고 생각하며 해도 되겠지만, 남이 오해할 소지를 주지 않는 것도 정말 중요합니다. 전혀 불필요하게 남에게 오해할 소지를 주었다는 것은 자신에게 그럴 의도가 없었다 하더라도 이미 사탄, 마귀에게 공격을 당할 빌미를 제공한 것입니다. 지혜롭지 못한 사람인 것입니다. 이런 사람들은 자꾸 다른 사람들로 하여금 오해하도록 하고, 자신뿐만 아니라 교회 전체를 어렵게 하는 것입니다. 여러분도 겪어 보셨겠지만 사람들은 앞에서는 칭찬하는 듯하지만, 뒤돌아서 바로 욕을 하는 경우가 많습니다. 그래서 가장 좋은 방법은 오해할 소지가 없도록, 무슨 일이든지, 무슨 말이든지 옆에 두 세 사람의 증인이 있는 자리에서 하는 것이 좋습니다. 그리하여 공연히 불필요한 오해를 사지 않기를 바랍니다. 정말 하나님 앞과 사람 앞에 조심하기를 바랍니다.

그러면 믿을만하여 바울에게도 인정을 받아 귀한 사역의 도구로 쓰임 받은 본문에 나오는 참된 일꾼의 특징이 무엇입니까?

첫째로, 간절한 마음이 그들에게 있었습니다. "너희를 위하여 같은 간절함을 디도의 마음에 주시는 하나님께 감사하노니"(16절)라고 하였습니다. 17절에도 "더욱 간절함으로"라고 하였는데, 여기 '간절함'이라는 원어의 뜻은 '진솔함'(earnestness), '열정'(zeal, passion), '부지런한 노력'(diligence, effort)을 의미합니다. 즉, 바울처럼 고린도 교인들을 향한 사랑의 열정이, 간절한 마음이 있었습니다. 물론 하나님께서 주신 마음이었습니다. 하나님의 은혜이지요. 참 믿음이 있었기에, 하나님을 향한 열정이 있기에, 하나님께서 그 마음에 교회를 향한, 교인들을 향한 간절한 마음을 주시는 것입니다.

여러분들에게도 이런 간절함이, 열정이 있기를 바랍니다.

둘째로, 부탁을 받았을 때에 억지로가 아닌 자원하는 마음으로 나아갔습니다. "그가 권함을 받고 더욱 간절함으로 자원하여 너희에게 나아갔고"(17절) 하였습니다. 바울이 디도나 익명의 형제들에게 권면하면서 귀한 심부름을 부탁했을 때 조금도 주저함이 없이, 아니 더욱 간절한 마음으로 자원했다는 것입니다. 오히려 감사하며 기쁘게 그 일을 감당했다는 것입니다. 그러니 바울이 그들에게 더 신뢰가 가지 않겠습니까?

여러분은 어떠합니까? 목사가 권면하면서 무슨 일을 부탁하면 오히려 감사하면서 간절한 마음으로 자원하여 감당하십니까? 혹은 마음에는 없지만 어쩔 수 없이 억지로 하십니까? 아니면 아예 거절하십니까?

셋째로, 모든 교회에서 칭찬을 받았던 사람들입니다. "또 그와 함께 그 형제를 보내었으니 이 사람은 복음으로써 모든 교회에서 칭찬을 받는 자요"(18절)라고 하였습니다. 이 익명의 형제가 누구인지 성경이 말하고 있지 않기 때문에 모르지만, 한 가지 분명한 것은 바울의 동역자로서 복음 때문에 모든 교회들에게 칭찬을 듣는 자였다는 것입니다. 그러니까 고린도교회도 이 사람에 대하여 잘 알고 있었던 것입니다. 그들도 칭찬을 하는 사람이었으니까요. 예수 그리스도의 십자가와 부활이, 복음이 그의 삶을 온통 지배하고 있기에 모든 교회, 교인들이 칭찬하는 것이었습니다. 인정받는 자였습니다. 그래서 바울과 그의 동역자들과 동행하였던 것입니다 (19절). 마치 초대 예루살렘교회의 일곱 집사를 선택할 때에도 그렇게 교인들에게 칭찬을 받는 사람들이 아니었습니까? 거의 대부분이 인정하는 사람들이었습니다.

여러분들이 기억해야 할 것은 예수를 믿는 우리 모두는 주위에서 우리를 보고 있는 사람들이 많다는 것입니다. 믿는 자들 뿐만 아니라, 믿지 않는 자들까지도 쳐다보고 있습니다. 그런 면에서 신자는 공인(public figure)이라고 할 수 있습니다. 아무리 여러분 스스로 자신을 대단하게 생각하고 있다 하더라도 주위의 사람들이 인정하지 않으면 아무 소용이 없습니다. 다들 우리를 보면서 인간적인 평가뿐만 아니라, 영적인 평가도 내리고 있음을 기억해야 합니다. 어떤 사람은 말이 너무 많다, 돈을 밝힌다, 돈에 약하다, 여자에 약하다, 사람을 차별한다, 정직하지 못하다, 경솔하다, 정말 믿음이 있는지 모르겠다 등의 평가가 이미 주위의 많은 사람에 의하여 내려졌다는 것입니다. 여러분을 경험해 본 사람들에 의하여 말입니다. 그러므로 지금부터라도 정신을 차리고 신앙생활을 해야 합니다. 물론 사람의 평가보다 하나님의 평가가 훨씬 중요합니다. 때로 사람들은 잘못 평가할 때가 있으니까요. 하지만 주위에 있는 대부분의 사람들에게도 신뢰를 잃어버린 사람이 어떻게 하나님께 인정을 받겠습니까?

넷째로, 여러 시험을 잘 통과한 사람들이었습니다. "또 그들과 함께 우리의 한 형제를 보내었노니 우리는 그가 여러 가지 일에 간절한 것을 여러 번 확인하였거니와 이제 그가 너희를 크게 믿음으로 더욱 간절하니라"(22절)고 하였습니다. 아마도 그동안 바울과 동역자들이 이 형제에게 여러 가지 일을 시키면서 테스트를 한 것 같습니다. 하나님께서 테스트를 받게 한 것이지요. 그런데 그들이 잘 통과하여 자신이 어떤 사람인가를 입증했다는 것입니다. 무슨 일이든지 책임있고 정직하게 감당을 하면서 교회를 향한 간절한 마음이 더해갔다고 합니다. 옆에서 이 형제를 직접 겪어보니 자신과 같은 간절함이, 열정이 있더라는 말입니다. 그러니 어떻게 믿지 않을 수 있겠습니까?

여러분들은 하나님께서 주시는 테스트를 잘 통과하고 있습니까? 패스(Pass)하고 있습니까? 그리하여 주위 사람들조차 여러분들을 신뢰하도록 하십니까?

이 믿을만한 세 사람에 대한 바울의 결론이 무엇입니까? "디도로 말하면 나의 동료요 너희를 위한 나의 동역자요 우리 형제들로 말하면 여러 교회의 사자들이요 그리스도의 영광이니라"(23절)고 하였습니다. 사도의 파트너, 친구이며, 서로 믿고 함께 하나님 나라를 위하여 일하는 자들이라는 것입니다. 하나님께서 보내는 교회의 사자들, 즉, 하나님의 메신저들이라는 것입니다. 아니 그들이 예수 그리스도의 영광이라고 합니다. 그러니 소중한 이 사람들을 함부로 대하지 말라는 것입니다. 비록 고린도 교인들이 직접 겪어 보지 않았다 하더라도 말입니다. 얼마나 대단한 칭찬입니까? 물론 그래도 기본이 안 된 사람들, 자기밖에 모르는 교만한 사람들은 무시합니다. 자신을 존중히 여기며 겸손히 대해 주는 사람을 무시하며 함부로 대합니다. 사실 이런 사람은 자기 얼굴에 먹칠을 하는 사람입니다.

여러분들은 그렇지는 않다고 믿습니다만, 바울이 디도와 두 형제들에게 하는 이런 말을 들을 수 있겠습니까? 목사의 동역자, 친구이며, 목사가 믿고 함께 일하는 동역자이며, 하나님께서 보낸 복음의 사역자이며, 우리 주님의 영광이 될 것이라는 칭찬을 들을 수 있겠습니까? 그렇기 때문에 바울은 담대하게 고린도교회에, "그러므로 너희는 여러 교회 앞에서 너희의 사랑과 너희를 대한 우리 자랑의 증거를 그들에게 보이라"(24절)고 할 수 있었던 것입니다. 얼마든지 헌금을 그들을 통하여 예루살렘교회에 보낼 수 있으니, 사랑이 있다면 믿고 그렇게 헌금을 보내라는 것입니다. 자신이 주위에 고린도교회에 대하여 자랑한 것이 헛된 말이 되지 않도록 나타내 보이라는 것입니다.

사랑하는 여러분!
여러분은 참된 일꾼입니까? 어떤 사람이 참된 일꾼인지는 성경에 나오는 많은 가르침으로 여러 가지 정의를 내릴 수 있습니다.

그런데 오늘 본문을 보면 믿을만한 사람이야말로 참된 일꾼이지 않나 결론을 내릴 수 있습니다. 그 사람의 말과 행동이 하나님 앞과 교회 앞에, 주위 사람들 사이에 정직하고 책임감이 있는 사람이 믿을만한 것은 두말할 나위도 없습니다.

그런데 무엇보다 재정의 사용과 관리는 그 사람의 영적 상태를 가늠할 수 있는 척도가 됩니다. 하나님의 돈을 사용하고 관리하는 데에 정직한 사람이야말로 정말 믿을만한 사람이요, 그리스도의 영광이라는 하나님께 칭찬을 듣는 사람입니다.

예수님의 12제자 가운데서도 회계를 맡았던 가룟 유다는 교양이 있고 인간적인 사람이었는지는 몰라도 돈 문제에 있어서 정직하지 못했습니다. 비록 주님을 따라다녔어도 돈에 대한 관점이 잘못되어 있었습니다. 주님께서 중요하게 생각하는 것이 유다에게는 중요하지 않았고, 유다가 중요하게 생각하는 것은 주님께 별로 중요하지 않았습니다. 이것이 문제입니다. 삶의 가치가 어디에 있느냐는 것입니다. 하나님 나라에 있는지, 이 세상 나라에 있는지 말입니다. 성경적인 세계관을 갖고 있는지 말입니다. 그래서 주님께서는 "네 보물이 있는 그곳에는 네 마음도 있느니라"(마 6:21)라고 하셨습니다. 이것은 어떤 사람의 돈 쓰는 모습을 보면 그가 진정으로 가치 있게 여기는 것이 무엇인지 알 수 있다는 것입니다. Dallas Texas의 토니 에반스(Tony Evans) 목사는 그 사람의 믿음의 진가를 알려면 그의 체크카드(Check Book)를 보면, 신용카드(Credit Card)의

씀씀이를 보면 안다고 했습니다. 중요한 것은 믿음의 열정을 가지고 하나님께서 바라보고 계신다는 관점에서, 개혁주의 '코람데오'(CORAMDEO)의 신앙으로 돈을 사용하고 관리해야 합니다.

우리 교회가 새 성전을 건축하면서 공사 2년 만에 경제 파동으로 인해 자재비가 올라가면서 공사비가 없어서 공사가 중단된 적이 있었는데, 약 3년 동안 담임목사 사례비를 전부 건축헌금으로 드린 적이 있습니다. 그때 필자가 사례를 받지 못하고 있는 것을 안 어느 권사님이 한번 자신의 가게로 심방을 와달라고 하였습니다. 그분은 작은 야채와 과일 도매상을 운영하시는 분으로 새벽 3시부터 일하시는 분이었습니다. 작은 연립주택에 사시면서 열심히 일하며 교회를 섬기는 분이었습니다. 심방부탁을 받고 가게 문 닫는 시간에 맞추어 가서 예배를 드리고 기도하고 나오는데, 몰래 숨겨둔 돈 2,000불을 주시면서 목사님 생활비에 사용하시라고 하는 것이었습니다. 부자가 아닌 분에게 큰 돈이었습니다. 이 목사에게 감동을 주는 돈이었습니다. 은퇴 후에도 기억에 남는 고마운 분이었습니다.

사랑하는 여러분!

여러분은 모두 다 믿을만한 참된 일꾼들이 되기를 바랍니다. 담임목사에게 신뢰를 줄 수 있는 분들이 되기를 바랍니다. 만약 여러분의 목사가 삯군 목사가 아닌, 성경대로 바로 목회하려고 애쓰는 목사라면 이런 목사에게 신뢰를 못 얻는 사람이 어떻게 하나님께 인정을 받겠습니까?

오늘 본문의 디도를 비롯한 바울이 믿는 무명의 동역자들처럼, 하나님께서 여러분에게 은혜를 주셔서 주님을 향한, 교회와 교인들을 향한 열정이, 간절함이 있기를 바랍니다. 목사의 마음과 동일한 간절한 열정이 있기를 바랍니다. 그리하여 목사님에게 권함을 받을 때, 부탁을 받을 때 주저하지 말고 자원함으로 더 간절히 일을 맡으시기 바랍니다. 복음에 사로잡혀 살기 때문에 주위 사람들에게도 믿음의 사람으로 칭찬받으시기 바랍니다. 그리고 여러 테스트에 잘 통과하시기를 바랍니다. 옆에서 여러분들을 겪어본 사람들에게서 입증이 되는 삶으로, 믿을만한 사람이라고, 정말 참된 일꾼이라고 인정받기를 바랍니다. 목사를 비롯한 모든 분들에게 신뢰를 받는 분들이 되시기를 바랍니다.

그리하여 여러분 모두가 하나님 나라를 위하여 애쓰는 목사의 파트너요, 동역자요, 메신저요, 그리스도의 영광이 되기를 축원합니다. 아멘!!

묵상 질문

1. 나는 맡은 일과 사역에서 하나님 앞에서 정직하고 책임 있는 참된 일꾼으로 살고 있는가?

2. 본문에서 디도와 동역자들이 보여 준 '간절함, 자원함, 시험 통과, 칭찬 받음'을 내 삶에 어떻게 적용할 수 있을까?

3. 내가 섬기고 있는 교회나 공동체에서, 믿을만한 일꾼으로 인정받고 있는가? 아니면 개선이 필요한 부분은 무엇인가?

4. 재정과 물질을 관리할 때, 하나님 앞에서 정직하고 투명하게 사용하고 있는가? 내 재정 관리가 나의 영적 상태를 드러내는 척도가 되고 있는가?

5. 오늘부터 하나님 나라와 교회를 위해 더 간절히 자원하고, 주어진 일을 사랑과 성실함으로 감당하기 위해 구체적으로 실천할 수 있는 행동은 무엇인가?

나가는 말

사랑하는 여러분! 우리는 지금까지 참된 신앙생활이 무엇인지, 하나님 말씀을 통해 차근차근 배우고 묵상했습니다. 한 장 한 장을 통해 깨달은 진리들은 단순히 지식에 그치는 것이 아니라, 우리의 삶을 변화시키고, 가정과 교회, 그리고 세상 속에서 하나님의 영광을 드러내는 삶으로 이어져야 합니다.

1. 참된 믿음

참된 믿음은 지식이 아니라, 하나님과의 인격적 만남과 신뢰입니다. 하나님께서 우리를 그리스도 안에서 선택하시고, 구속하시고, 자녀 삼으셨다는 사실을 믿는 믿음은 삶의 근본이 됩니다. 믿음이 있는 자는 하나님의 선하심과 계획을 의심하지 않고, 그분의 은혜 안에서 살아갑니다.

2. 참된 회개

참된 회개는 자신의 연약함과 죄성을 솔직하게 인정하고, 하나님 앞에서 마음을 돌이키는 것입니다. 회개는 단순히 죄의 인정이 아니라, 삶의 방향을 하나님께 맞추는 결단이며, 성령 안에서 지속적으로 갱신되는 과정입니다.

3. 참된 예배

참된 예배는 형식이나 감정이 아니라, 하나님을 향한 진심 어린 경배와 순종입니다. 예배는 성도의 삶 전체를 하나님께 드리는 삶이며, 성령과 진리 안에서 드려지는 예배야말로 하나님의 기쁨이 되는 예배입니다.

4. 참된 기도

참된 기도는 예수님께서 가르쳐 주신 대로 기도하는 것입니다. 하나님 아버지께 기도하되, 무엇보다도 먼저 하나님을 위하여 간구하되 그 이름이 거룩하게 되며, 그 나라가 임하며, 하나님의 뜻이 이 땅에서도 이루어지도록 기도하라는 것입니다. 또한, 우리 자신을 위한 필요한 일용할 양식을 구하며, 죄 용서함을 위하여 기도하되 다른 사람이 지은 죄를 용서하며 간구합니다. 그리고 그 어떤 시험도 들지 않기를 위해, 모든 것을 통해 하나님께 영광이 되게 해달라고 합니다.

5. 참된 성장

참된 성장은 단순한 지식과 경험이 아니라, 하나님과 동행하며 성령 안에서 성숙해지는 것입니다. 영적 성장은 시험과 어려움을 통해 이루어지며, 하나님의 뜻을 삶 속에서 실천함으로 완성됩니다.

6. 참된 교회

참된 교회는 단순한 모임이 아니라, 그리스도의 몸으로서 사랑과 연합으로 세워지는 공동체입니다. 교회는 세상의 분열과 혼돈 속에서 하나님의 평화와 복음을 드러내는 유일한 희망의 통로입니다. 교회가 바로 서야 세상도 소망을 얻습니다.

7. 참된 가정

참된 가정은 하나님께서 세우신 질서 안에서 남편과 아내, 부모와 자녀가 서로 사랑하고 순종하며, 거룩하게 세워지는 삶의 현장입니다. 가정은 단순한 생활 공동체가 아니라, 하나님 나라의 기초이며, 믿음과 사랑이 실제로 실천되는 학교입니다.

8. 참된 일꾼

참된 일꾼은 하나님과 교회 앞에서 정직하고 신뢰받는 사람입니다. 맡은 일에 간절함과 열정을 가지고, 자원하여 섬기며, 여러 시험을 통과함으로 인정받는 사람입니다. 재정과 책임, 삶의 모든 영역에서 하나님께 칭찬받는 사람은 곧 그리스도의 영광을 드러내는 자입니다.

결론적 통찰

참된 신앙생활이란, 하나님과의 친밀한 관계에서 시작하여 이미 신령한 복을 받은 자로서, 회개와 예배, 기도, 성장을 거쳐 교회와 가정, 그리고 삶 속에서 참된 일꾼으로 서는 여정입니다. 믿음과 사랑, 순종과 헌신, 정직과 책임이 삶 속에서 하나로 연결될 때, 우리는 하나님 나라의 도구로 세상을 변화시키는 자입니다. 여러분이 서 있는 자리에서, 하나님의 자녀로서 작은 일부터 신실하게 행할 때, 하나님께서는 그것을 통해 큰 역사를 이루십니다. 우리의 삶 자체가 복음의 증거가 되고, 세상에 아름다운 그리스도의 향기를 내뿜게 됩니다.

참된 신앙으로 이끌어 주는 8가지 지침서

참된 ✝ 신앙생활

믿음·회개·예배·기도
성장·교회·가정·일꾼

한태일 지음

담아서